サクラの釣り方、これでわかる！

完全攻略 サクラマス ルアーゲーム

鱒の森 編集部 編

つり人社

CONTENTS

TACTICS I

TACTICS II

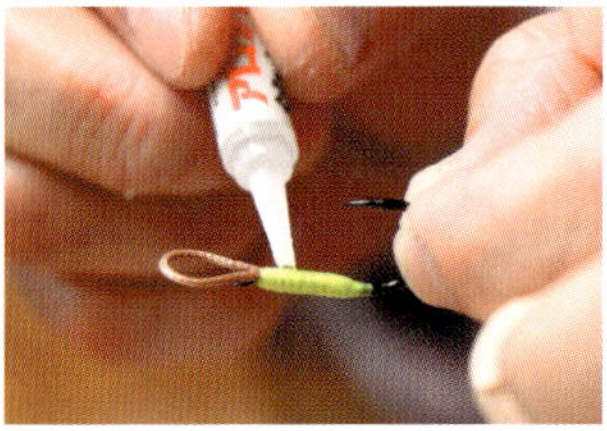

G 湖のサクラマス釣り、陸封型をねらう。

LAND LOCKED

H 砂浜と磯場、海のサクラマス釣り。 P127 SALT WATER

I トラウトルアー、準備編。 P141 FOR BEGINNERS

A
サクラマスとルアーを知ろう。

外洋を回遊して大きく育ち、
生まれた川に帰ってくるサクラマスは、
川や湖沼でねらえる一般的なトラウトとは
ちょっと違った性質を持っている。
サクラマスならではの生態と、
そんな魚を釣るための定番ルアー、
そして多岐に渡るサクラフィールドを、
本格的なハウツーに入る前の
序章として触れておきたい。

PROLOGUE

今シーズンこそ、
夢のサクラマスをその手に。

1 サクラマスの生態と特徴。

分布域とシーズン

サクラマスとは、ヤマメの降海型のこと。北海道全域、東北全域、本州の神奈川県箱根以北にかけてと、北陸、山陰、九州の一部河川でもソ上が確認されているが、北の地域ほどヤマメは降海性を強める傾向があるので、東北全域、新潟、北陸地方の河川がおもなフィールドだ。

河川で20cmほどまで育ったサクラマスの幼魚は、おもに生後2年目の春に海へ向かうと考えられている。生まれた川へ帰ってくるのは、翌年の春。海では小魚から動物性プランクトンまで幅広く捕食し、アベレージサイズ50～60cmまで育つ。70cmオーバの超大型も期待できる大型のトラウトだ。

サクラ河川で釣りをしていると、たまに40cmほどの小型がヒットすることがある。これは、海を回遊して

いた頃のサクラマスがフィッシュイーターであった証だとも言われる。小魚を追う場合は個体によって捕食量に差が生じるので、それがサイズの違いになって現れるのだ。

河川にソ上した後のサクラマスは、エサを補食しないまま産卵を迎えるというのが通説。ベイトを追う性質を失っているため、ルアーへの反応も淡白である場合が多い。その凛とした美しさはもちろんのこと、一筋縄では攻略できないゲーム性の高さも釣り人たちを熱狂させている。

2 日本のサクラフィールド。

【本流】

サクラマス釣りのメインフィールドは河川の本流域だ。悠々と流れる川でサクラマスをロングロッドでねらう釣りは、じつに優雅。しかし一口に本流といっても、その形態はさまざま。河口の汽水域から、広大な下流域、ポイントが豊富な中流域まで、そのすべてが熱いサクラフィールド。シーズンが深まれば支流の「本流域」もサクラマスの釣り場だ。

トラウトアングラーを魅了してやまないターゲット、サクラマス。精悍さと可憐さを併せ持つ、鱒族のなかでもとりわけ美しい魚だ。

潮の干満の影響を受ける汽水域もサクラマスのフィールド。宮城県追波川などでは、潮汐の影響で水が動くとサクラマスの活性が高まる。河口周辺はおもにシーズン初期の好釣り場だが、サクラマスのソ上が続く限り期待できる。

大本流では飛距離の稼げる道具立てが欠かせない。同じサクラマスを釣るのでも、フィールドそれぞれにマッチしたタックルが必要になるのだ。

ひとたび遡上が始まれば、川はサクラで満ちる。
本流には尽きないロマンがある。

朝マヅメの静けさのなか、本流にサクラマスの気配を捜す。ヒットの期待が募るひと時だ。

海から川に帰ってきたサクラマスのなかには、本流からさらに生まれ故郷の支流にソ上してくる群れがいる。山形県最上川の支流である鮭川は、素晴らしいサクラマス釣り場。新緑のなか釣りが楽しめる。

北東北の太平洋側にある中規模単独河川群にも、サクラマスが帰ってくる。流程が短いため、川は河口からすぐ渓流の雰囲気。これもサクラマス釣りだ。

岩手県岩洞湖など、東北には陸封サクラマスがねらえる湖が多い。古くから地元アングラーたちの間で陸封サクラマスの釣りが親しまれている。

【湖】

サクラマスとは、ヤマメの降海型のこと。しかし、湖を仮想の海として川を降り、シルバーボディーの見事な体躯に育つサクラマスたちがいる。ランドロックタイプ、あるいは陸封型と呼ばれるそうした湖沼のサクラマスは、野生のしなやかさ、そして力強さを感じさせてくれる貴重な存在だ。

湖の釣りは通うほど精度が高まるもの。回遊パターンがわかれば結果が出やすくなる。

本州のレイクフィールドでねらえるサクラマスのアベレージは40cm前後。ライトタックルが楽しい。

北海道洞爺湖は大型のランドロックサクラがねらえる人気のフィールド。解禁には各地から多くの釣り人が駆けつける。

湖で大きく成長した陸封型のサクラマス。ベイトの豊富なフィールドなら、海洋を回遊してきた個体に負けないくらい立派に育つ。

海アメマスも、近海でベイトを追っているビッグトラウト。ポイントがかぶることが多く、海サクラマス釣りのもう一つの楽しみになっている。

北海道の海サクラマス釣りは、日本海側からシーズンイン。年によって接岸状況は異なるが、早いと1月にはもう釣れ始まる。

海サクラはベイトを追うフィッシュイーター。釣りあげると鱗がパラパラと散る。

海の釣りは川とずいぶん勝手が違う。ソルトウオーター仕様の道具立てで臨みたい。

潮通しのいい磯場も好ポイント。ベイトが豊富なため、それを求めてサクラマスが回遊してくるのだ。

【海】

河川でサクラマスを釣ることができないことから北海道で生まれた釣りが、海サクラマスゲームだ。河川にソ上する前のサクラマスを砂浜や磯場からねらう釣りは、最高にエキサイティング。ベイトフィッシュを荒食いするサクラマスはルアーへの反応もすこぶる良く、本流サクラマス釣りとは違うスピーディーで爽快な釣りが楽しめる。

3 サクラを魅了する定番ルアー。

サクラ用ルアーの歴史

現代のように川に帰ってきたサクラマスをたくさんの釣り人たちがルアーでねらうようになったのは、それほど古い話ではない。福井県九頭竜川でフライフィッシャーたちがサクラマスを釣り、その記事が釣り雑誌の誌面を賑わすようになったのは、1990年代初頭のこと。以前から日本各地にサクラマスを釣っていたルアーアングラーはいたけれど、ルアーを投げる釣り人が増え始め、よりサクラマス釣りに特化したルアーのニーズが高まっていったのは、大体その頃からだと言えるだろう。

時代の波に呼応するかたちでシュガーディープが誕生したのが1994年。つまりサクラマスを想定したルアーデザインの歴史はまだ20年ちょっとにしか過ぎないのだが、釣り人の選択肢は劇的に増えた。スプーンの釣りでは探りきれない急流を攻略できるミノーもあれば、ディープに素早く到達するトラウト用バイブレーションも、今では簡単に手に入る。入門者にとっては逆に迷ってしまうかもしれないが、たくさんの選択肢はサクラマス攻略の上で間違いなく大きなアドバンテージだ。

また、サクラマス釣りの面白さは、本流、湖、そして海と、まったく毛色の異なるフィールドで魚がねらえることだ。だからサクラマス釣りでは、ルアーもそれらに合わせた各種使い分けが不可欠。誰かにとっての高実績ルアーも、自分が足を運ぶフィールドにマッチしていなければ効果は半減。フィールドに通ううちに、ルアーに求められるスペックははっきりしてくるものだから、まずは各タイプの定番と呼べるルアーを手に、マイフィールドを歩いてみるといいだろう。

サクラマスがねらえるフィールドは多岐に渡る。その釣り場にマッチしたルアーを選ぼう。

【ディープダイバー】

従来のスプーンで底を転がす釣りでは根掛かりが頻発し、攻略が叶わなかった荒瀬や早瀬、ボトム形状の複雑なトロ瀬を効率よく釣るために誕生したルアーこそディープダイバーだ。それまでもロングビルを搭載した潜るプラグはあったものの、たとえば九頭竜川のような大河川での使用を前提にデザインされたビッグミノーは、まず釣具店で見かけることはできなかった。バスデイのルアーデザイナー・川島雅史さんによってシュガーディープが世に出された時、九頭竜川界隈の釣り人によれば衝撃的なまでにサクラマスが釣れたという。それだけ斬新で、そしてまたサクラマス釣りの核心を突いたプラグだったのだ。

1／16ビート・ジョーカーDD 9㎝（ソウルズ）
2／シュマリディープ90F（ティムコ）
3／シュガーディープ90F（バスデイ）
4／リッジランウェイ93SS（ジップベイツ）
5／DDパニッシュ80S（スミス）

【ミディアムディープダイバー】

リーリングするだけで急潜行するディープダイバーは抵抗が大きなルアーであるため、流れの強い瀬などで使うと扱いづらい場面もけっこう多い。そこで、ノーマルリップのミノーよりも潜って低層に届き、それでいて引き抵抗を軽くしたいいとこ取りのミノープラグがミディアムディープダイバーだ。中層をレンジキープしながらロッドワークでトリッキーなアクションを加える釣りも、ミディアムディープならストレスを感じることなく続けられる。その扱いやすさと実績の高さから、本格的なディープダイバーよりもMDを主力にしているアングラーは少なくない。

1／ディープフィート90MDS（デュオ）
2／シュガー2/3ディープSG85F（バスデイ）
3／チェリーブラッドMD90S（スミス）
4／ビットストリームヴァンテージFMD83（タックルハウス）
5／シュマリMD 90F（ティムコ）

#【フローティングミノー】

移動と休憩を繰り返しながら用心深く上流を目差すソ上魚のイメージが強いせいか、サクラマスをねらう時は表層よりは中層、中層よりはさらに下層という具合に、どうしても意識が深いほうに向きがちだ。しかし、実際のフィールドには表層を注目しているサクラマスが確かにいる。レギュラー〜ちょっと長目くらいのリップを搭載したフローティングミノーで表層を探る釣りが効果的な場面は意外と多く、特に盛期の瀬を釣り下る時には表層の釣りを徹底すると、底から勢いよく食い上げるようなビッグバイトを得られることがある。フローティングミノーは水馴染みに優れるので、複雑で押しの強い流れを探る場面でも頼もしい。

1／シュガーミノーSG90F（バスデイ）
2／シュマリ110F（ティムコ）
3／ブルースライドIM110㎜（ソウルズ）
4／ロンズ・フローティング9㎝（スプリーモ）
5／ビットストリームF95（タックルハウス）

#【スプーン】

今も昔もサクラマス釣りに欠かせないルアーがスプーンだ。一般的に幅広タイプは水の掴みがよく、リトリーブするだけで最大限のアピール力を発揮してくれるデザイン。しかしその反面、流れに対して浮き上がりやすいものが多く、川に勢いのあるポイントでは釣りづらいこともある。一方、細身のスプーンは流れに馴染みやすく、泳ぎの派手さでは及ばないものの、より下層のレンジをしっかりトレースできる。状況に応じて２タイプを使い分けるといいだろう。本流フィールドなら18〜21gがメイン。湖では10〜14gが定番だ。

1／チヌークS 17g（ダイワ）
2／ホーボースプーン18g（アングロ＆カンパニー）
3／バッハスペシャル18g（パラバン）
4／マレク18g（ホンナミスピリット）
5／D-3カスタムスプーン10g（D-3カスタムルアーズ）
6／クロコダイル#3（ルーハージェンセン）

【ヘビーシンキングミノー＆バイブレーション】

スプーンやディープダイバーでも手出しできない本流域の本当のディープレンジを攻略するには、ヘビーシンキングミノーとバイブレーションプラグの沈下性能が欠かせない。どちらもテンションフリーでフォールさせれば、激しい流れのなかでも簡単に下層に到達。レンジキープのしやすさも特筆で、とりわけヘビーシンキングミノーは流れを受けてもリップが身をつかみ、ディープのスポットを細かいアクションで探る釣りも可能。バイブレーションは急流のなかでも引き抵抗が軽く、流れの太い本流をダウンクロスで広範囲に探る釣りにも適している。

1／ディノバ80MR（スプリーモ）
2／ベアトリス80S（アングラーズリパブリック）
3／ORCレンジバイブ70ES（バスデイ）
4／ホーボーバイブ7㎝（アングロ＆カンパニー）
5／ヴィブロッシ70（アングラーズリパブリック）

【海サクラマス釣りのルアー】

波があるのでウエーディングできないうえ、遠浅の砂浜などが釣り場になることが多いため、海サクラマスをねらうにあたっては、とにかく飛距離を稼げないことには釣りが始まらない。30〜40g台のメタルジグ、同程度の重さのあるジグミノーといった、とにかく遠くに飛ばせるルアーが主力。基本的にタダ引きの釣りになるので、遠投できてなおかつリーリングでしっかり泳いでくれるものを選びたい。ミノーも飛距離の稼げる140〜175㎜のロングミノーが定番。本流サクラマス釣りの感覚だとオーバーサイズに思えるかもしれないが、実際に海で投げてみるとフィールド規模にマッチしていることが実感できる。

1／D-3カスタムジグ28g（D-3カスタムルアーズ）
2／プレスベイト・カムイ95（デュオ）
3／福女子（フクシルアーズ）
4／タイドミノースリム175（デュオ）
5／タイドミノーアドバンスライン・スリム140フライヤー（デュオ）

B サクラの基礎知識

夢の魚に近づくためには、まずはしっかりとした土台作りから始めよう。サクラマスを釣るために必要なロッド、リール、ラインとはどんなものか？ 基本となるポイントの考え方などと一緒に、ここではサクラマス釣りのベーシックを解説したい。

BASIC

1 下流〜河口域のロッド選び。

基本となるロッドの長さ

ねらう魚は同じでも、フィールドの規模や使用するルアーによって、タックルのベストバランスは違ってくるもの。ショートロッドでは下流域でヘビースプーンをフルキャストできないし、逆に中規模河川でパワフルなロングロッドは、いかにも取り回しが悪い。川をソ上する性質上、サクラマス釣りのフィールドはさまざま。それらに応じてちょうどいい道具立てを用意する必要がある。

シーズン初期のおもな釣り場となるのは、河口〜下流域。その川の規模にもよるとはいえ、飛距離が求められる場合がほとんどだ。使用するルアーも重めのラインナップになるから、ロッドにはそれらをストレスなく扱うことができるパワーと長さが求められる。長さでいえば8〜9ft前後が一般的。河川規模や実践する釣りによっては9ft6inあたりまで選択肢に入るだろう。

パワーの目安

ロッドのパワーを判断する際には、メーカーが設定している適合ルアーウエイトがひとつの目安になる。それぞれのブランク素材や、張り、調子によってもロッドの実際のパワーは違ってくるけれど、「どのくらいの重さまで快適に扱かえるのか?」というそのグラム数を見れば、大体のパワー設定がわかるようになっている。下流〜河口域のサクラマス釣りなら、スプーンを使う場面が多くなることを考えて、適合ルアーウエイトの上限が最低でも21gはほしいところだ。

ただし、ロッドによっては「21g上限」であっても、21gを余裕を持って振り切れるモデルもあれば、しなやかさを優先し、あえてトラブルなく投げられる程度のパワーに設定しているモデルもあるので、購入にあたっては実際にロッドを継いで、感触を試すことできると無難。それと、たとえば重さ21gのルアーを、適合ルアーウエイト21gMAXのロッドで投げ続けるのは意外と疲れるもの。そのロッドにもよるが、大抵はパワーの面で余裕があったほうが楽に扱えることが多いので、河口～下流域では21g、24gのスプーンの出番が珍しくないことからも、長さ8～9ftで適合ルアーウエイト上限・24gクラスのロッドが、道具立てのひとつの目安になると言える。

河口域では1ozクラスのスプーンを投げることもあるため、それに対応したロッドが用意できると攻略範囲は格段に広がる。しかしロッドのパワーが強まると、その分、軽いルアーが投げにくくなり、ロッドをしならせるための釣り人側の力が必要になってくる。ロッド選びの際には自分が用意したルアーラインナップの上限ウエイトだけでなく、中心となるウエイト、そして下限についても気を配りたいところだ。21gスプーンがメインであるにもかかわらず、たまに投げるかもしれない1ozルアーに合わせてロッドを選んでしまうと、必ず現場でストレスを抱えることになる。

ロッドを選ぶ際は、メインに使用するルアーを快適に投げられるかに注目。下流～河口域の釣りでは、重めのルアーをしっかり振り切れるパワーがほしい。

ロッドのパワーは適合ルアーウエイトの数値から大体のところは判断できる。しかし同じくらいの上限ウエイトのロッドでもその振り味はずいぶん違うものなので、購入を考える時は実際に手に取って、感触を確かめてから判断したい。

2 川幅の狭いフィールドでのロッド選び。

中流域の長さとパワー

シーズンが深まりサクラマスの群れがソ上するにつれ、メインとなる釣り場は徐々に河川の中流域へと移っていく。たとえば秋田県米代川のような、たくさんの支流が集まる大河の「中流」はスケールの大きな釣り場なので、下流域で使っていたタックルをそのまま流用できるけれど、川幅が狭まってくる中流域ではそれに合わせたタックルが望ましい。超広大な河口での釣りや、上流部の渓流域での釣りといった極端な例を除けば、下流域用タックルと中流域用タックルの2セットがあれば、ほとんどのサクラフィールドで充分に釣りを楽しむことができるはずだ。

川幅が狭まれば、下流域や河口のような遠投が求められる場面もずっと少なくなる。したがって、使用ルアーのウエイトも軽くなるのが一般的だ。とはいえ、ヘビーシンキングミノーなどのウエイトのあるルアーを使って攻略することもあるので、ロッドは上限ルアーウエイトが18〜21g程度のものが主流と言える。遠投の必要ない河川であり、そしてまた水馴染みのいいフローティングやサスペンドタイプのミノーを多用する場合には、もっとしなやかなロッドを選んでも、もちろんOKだ。長さについては取り回しのいい8〜8・2ftを基準に、あとは自身の体格や好みでその前後を選んでおけば問題ないだろう。

パワーの目安

サクラマスが帰ってくる東北の中規模単独河川では、中流域がそのまま渓流域になるフィールドも珍しくない。フルキャストしなくても対岸に容易にミノーが届くような釣り場では、着水からピックアップまでに要する時間が短くなるため、必然的に手数の多い釣りになりやすく、ロッドは取り回しのいい短いものが扱いやすい。7・6ftクラスが一般的だが、7ft前半のロッドでの釣りも、じつに軽快だ。河原がなく、背後に柳の木などのブッシュが迫り出しているところを釣り下る際にも、そうしたショートレングスのロッドはストレスが少ない。ロッドが短くなればタックル全体の重量も軽くなるため、サイドハンドやバックハンドでルアーを飛ばすことも容易になる。

また、川幅の狭い中流域や中規模河川、あるいは支流で使用するロッドを選ぶ際には、ロッドの長さについての取り回しの良さだけでなく、グリップの長さにも注目したいところだ。こうした流域ではミノーがメインになることが多く、それらをロッドでコントロールするたびにグリップエンドが干渉するようでは疲れてしまう。片手で操作するのに邪魔にならない長さかどうか、これも実際に手にとって選ぶことができると万全だろう。

ただし、片手でのロッドの扱いやすさだけを優先すると、必ず魚がヒットした後で困ることになるので、サクラマス級のサイズの魚との経験が乏しい入門者には、極端に短いグリップのものはおすすめできない。ある程度の長さがグリップにあれば、そのグリップエンドを肘などにあてることで魚の重さを分散し、手首にかかる負担を軽減しながら余裕を持ってファイトできるのである。

ロッドによってグリップの長さはさまざま。短いグリップのほうがトゥイッチなどのロッドワークをする際に干渉しにくく軽快だが、大ものとやり取りするには長いグリップのほうが安定しやすい。

シーズンが深まると釣り場は中流域に移行する。川幅も狭くなるため取り回しのいいショートレングスがほしくなる。

3 覚えておくべき基本のラインシステム。

直結の有利と不利

現在、サクラマス釣りに使用されているラインシステムは、リーダーを付けないナイロンライン直結のシステム、ナイロンのメインライン&ショックリーダーのシステム、そしてPEラインのメインラインにショックリーダーをセットするシステムの、大きく分けて3タイプだ。

直結システムのメリットは、リーダーを組む手間が要らないため、ラインブレイクの際などにストレスがないこと。テトラなどのストラクチャーが沈む瀬をテンポよく釣り下る場合、仮にルアーが根掛かってラインを切ることになったとしても、新たにルアーを結び直せばすぐに釣りに復帰できる。貴重な朝マヅメの時間帯に、できるだけ長い距離をチェックしたい時にもタイムロスが少ないのでアドバンテージは大きい。

ただ、しっかりとしたPEラインのシステムなら根掛かったとしてもけっこう回収できるものなので、ラインブレイクさえしなければPEのほうが効率のいい場面が多いことは、覚えておいたほうがいいだろう。それとまた、直結で臨む場合はラインを細くできないところもデメリットだ。魚の想定サイズがもともと大きいこともあるけれど、使用するルアーを軽めのものに限定しないのであれば、基本的に12lb以上の強度は必要になると考えたい。たとえば8lbのラインでヘビースプーンを投げ続けていると、どこかのタイミングできっとラインが振り切れてしまう。12lbラインを使っていたとしても、ルアーとのノットは劣化しやすいので、まめな結び直しがオススメだ。

リーダーを使ったシステム

ラインは細いほど空気の抵抗、水の抵抗を受けにくくなる。そのため細いラインを使えば、より飛距離を稼ぐことができ、そしてまた水中のルアーをより繊細に操作できるようになるのだが、かといって細くなればそのぶんだけラインの強度低下もまた避けられなくなってしまう。そこで、積極的に細イトを使用するために一般的になったのがショックリーダーを使って必要箇所を補強するラインシステムだ。

大河の河口域を釣るような場合は、PEライン1〜1・2号あたりをメインラインとし、ナイロンもしくはフロロのショックリーダー16〜20lbをセットするシステムが主流。ナイロンラインをメインラインにする際は、10〜12lbがスタンダードだ。ヘビーウエイトのルアーをフルキャストすると相当な負荷がラインに掛かるので、1ozクラスのジグやスプーンを多用するのであれば、キャスト時のインパクトでラインが切れるのを防ぐためにもリーダーには16〜20lbをセットしたい。

下流〜中流域では、PEライン0・8〜1・2号をメインラインとし、ナイロンもしくはフロロカーボンのショックリーダー16〜20lbセットするシステムが標準的。軽量ミノーなどを使う時は0・8号に落としたうえで、10〜12lbのより細いリーダーでルアーの泳ぎの切れを維持するシステムもありだろう。ナイロンをメインラインにするのであれば、メインが8〜10lbでナイロンもしくはフロロリーダー16〜20lbをセットする。

リーダーの素材と長さ

ショックリーダーには擦れに強いフロロカーボンのリーダーを使うのが一般的だけれど、PEのシステムでラインに伸びがほしい時には、ナイロンリーダーを選択してみるのもいい。その場合はあえて長めにリーダーを付けると、ナイロンらしいしなやかさをより感じることができるようになる。リーダーの長さは人によってさまざまだが、半〜1ヒロ程度が基本だろうか。キャスト時の干渉を嫌って、ノットがガイドに入らない長さにリーダーを設定しているアングラーもいる。

リールの選び方 BASIC

リールは使用するラインの太さとラインキャパシティの兼ね合いで選ぶ。中流域の釣りなら、ナイロン8〜12lbを100m巻けるもの。下流〜河口の釣りでは、ナイロン10〜12lbが150m巻けるものがほしい。ビッグファイトに備えて、ドラッグ機能の優れたリールだと万全だ。

4 PEとナイロン、どっちを選ぶ?

PEラインのメリット

21世紀になってからのトラウトルアーフィッシングの歴史のなかで、最大のエポックメイキングな出来事はPEラインでの鱒釣りが広く浸透したことではないだろうか。海でも、湖でも、そして渓流や本流でも、メインラインにPEを使用することが今ではすっかり珍しくなくなった。

とりわけ本流のサクラマス釣りは、PEラインの恩恵をより強く感じる釣りだと言える。わずか1号ほどの太さで約20lbの引っ張り強度を確保できるラインだから、ナイロンよりもずっと細いラインを使った釣りが可能だ。12lbナイロンをメインラインに使用するシステムよりもざっくり3分の1ほど細い計算になるため、川幅の広い下流域でも遠くまでルアーが飛ばせるし、風が吹き付けるような悪天候のなかでもストレスなく釣りを続けることができる。

太い流れのなかでの操作性だって、もちろんアップ。たとえばスプーンをターンさせる場合でも、10lbクラスのナイロンラインに比べるとPEラインは圧倒的に流れに引っ張られにくく、スプーンが浮き上がりにくいからヒットレンジをより長くキープできるようになる。

ライン自体に伸びがないため感度が高く、ボトムタッチや流れの変化、時には魚のじゃれつく感触までをアングラーの手元に伝えてくれる点も大きなメリットだ。水中のようすがクリアになれば、それだけ釣りの精度が高まるのは言うまでもない。アタリが少ない釣りだけに、そうした感度の高さは渋い状況での集中力の維持にも貢献してくれる。

それとまた、根掛かりの危険をかなり早い段階で察知できる点もPEラインのいいところだ。食い込んでしまうとなかなか外れなくなるのだが、それでもリーダーも含めたラインシステムのパワーを活かし、強引に回収できる場面はけっこう多い。ラインの伸びのなさはフッキングパワーの伝達にも影響するため、沖のヒットに対しても力強くフックを差し込むことも期待できる。

ナイロンだけのメリット

何かと釣りを有利にしてくれるPEラインなのだが、デメリットを上げるとすれば、ひとたび魚がヒットすると伸びのなさが仇となり、ドラッグとロッドのしなり以外に相手の動きを吸収する「遊び」がないガチンコのやり取りになることだ。サクラマスのなかにはヤマメ的に暴れまくるタイプもいて、そういう個体がPEに掛かると、この上なくハラハラさせられる。ナイロンでのやり取りに慣れている釣り人にとっては、生きた心地がしないひと時だ。

そのため、PEラインの釣りが浸透した今もなお、そのメリットは重々承知したうえで、あえてナイロンラインを使い続けている釣り人はたくさんいる。ナイロンの特徴は、PEと違って伸びるということ。川幅のある本流域でもその「バレにくさ」からナイロンラインを選ぶサクラエキスパートは多く、PEラインとナイロンラインのどちらにも素晴らしいメリットがあるというのが現状だろう。それほど飛距離や感度が求められないフィールドであれば、むしろナイロンのしなやかな伸びを積極的に使用したほうが釣りやすいこともあるはずだ。

PEラインの登場はトラウトフィッシングの世界を変えたと言っても過言ではないだろう。サクラマス釣りでも多くの場面でアドバンテージを得ることができる。しかし、ナイロンにはナイロンならではの魅力もあり、それぞれの特徴を知った上で使い分けられるとベターだ。

PEラインのメリットは細くても強いこと。1号の太さで20lbほどの引っ張り強度が得られる。

5 ランディングネットの選び方。

フレームの大きさ&網の深さ

釣り方やフィールドの違いもさることながら、ヤマメやイワナなどの渓流魚とサクラマスとの大きな違いは、シンプルにそのサイズだ。渓流魚が相手の場合、ロッドとラインのパワーを信じて流れから引き抜いたり、あるいはハンドランディングすることも珍しくないけれど、サクラマスが相手となればそうはいかない。なにせ、小型でも50cm前後、大きい個体になると70cmを超える鱒である。ランディングネットなしではそう簡単にはキャッチできないし、たとえ浅瀬にズリ上げたとしても、最終的に魚を入れて落ち着かせるために必ずネットがほしい。ランディングネットはサクラマス釣りに欠かせない大事な釣り道具だ。

ランディングネットを選ぶ際の基準のひとつは、フレームの内径。とりわけ注目すべきはその「縦」の長さで、想定する魚のサイズに合わせるのが基本だ。サクラマスに関しては小型でも50cmはある魚なので、フレームの大きさも縦に最低でも50cmはほしいところ。釣り人それぞれの体格・体力によるとしても、普通ネットは「大は小を兼ねる」ものだか

サクラマスがすっぽり収まるランディングネットなら、ネットインをスムーズに行なえる。入門者は特に大きめくらいのほうが安心だ。

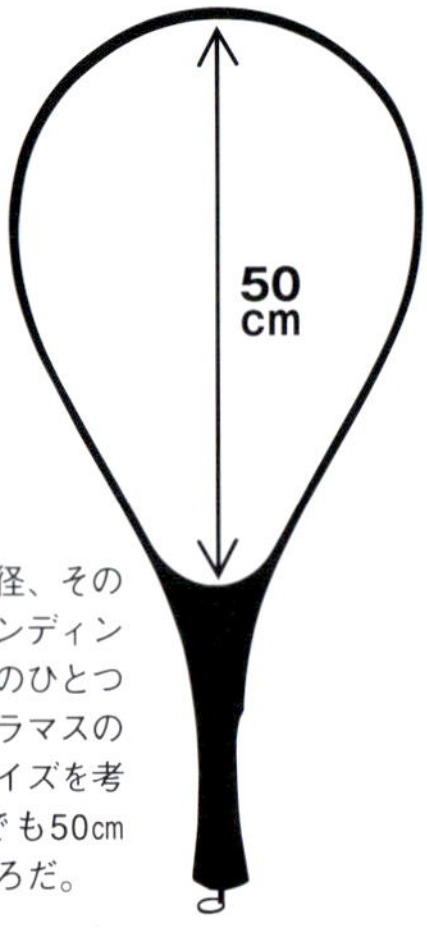

フレームの内径、その縦の長さがランディングネット選びのひとつの目安。サクラマスのアベレージサイズを考えれば最低でも50cmはほしいところだ。

ら、ミニマムサイズに合わせるよりは、アベレージサイズ（50～60㎝）を基準にネットサイズを選んだほうが無難だろう。もちろん、フレームの幅も狭いよりは広いほうがすくいやすい。

　それと、ランディングネットを選ぶにあたっては、その網の深さも気にかけるべき要素だ。フレームが充分に大きかったとしても、肝心の網が浅すぎてはせっかくネットインした魚がどうしても飛び出しやすくなってしまう。ウロコと手応えだけを残して逃亡……なんていう悲しい事態にならないように、しっかり魚が収まる深さのあるネットを選んでおきたい。こちらも基本になるのは、ねらう魚の想定サイズだ。しかし、木製フレームと違って網は多少ボリュームが増しても重さに反映されるものではないし、ちょっと大きめに考えておいたほうがベターだろう。

　ちなみに、網の深ささえ確保されていれば、フレームが小さくても理論上は大型魚をすくえないことはないのだが、ランディングがそうとう難しくなる点はあらかじめ覚悟しておかなければいけない。小さなランディングネットは、いたずらに釣りの難易度を高めるだけ。やはり入門者は想定アベレージサイズに見合ったものを選んでおきたい。

「操作性」も考慮すべし

　初めてサクラマスをヒットさせて、いざランディングとなった時、自分が差し出したランディングネットの受ける水圧の大きさに驚く入門者は、けっこう多いはず。流れに勢いのある早瀬でのランディングはもちろんのこと、一見緩そうに見える流れでも使うサイズが大きいだけに、ひとたび水に差し入れるとランディングネットは何倍にも重くなる。大抵は利き手でロッドを支えているわけだから、余計に水圧を受けた状態のランディングネットの操作は簡単ではない。つまり、操作性という意味ではランディングネットは小さいほうがずっと扱いやすいのだ。

　しかし、ねらう魚の想定サイズを考えれば、そんなに小さくできないのは前述のとおり。そこで重要になるのがグリップデザインである。ランディングネットのグリップは見た目の雰囲気を決める要素でもあるし、基本的には「格好よさ」から選びたいところだが、極端にカーブが強かったり、あるいは太すぎたり細すぎたりして握りにくいものは、ランディング時の操作性が悪く咄嗟の動きに対応できないこともあるので要注意。やはりベーシックなストレートグリップが握りやすく、入門者にはそちらがおすすめだ。

6 基本となるポイントの考え方。

足止めポイントを捜す

サクラマスのポイントを考える際に注目しなければいけないのは、彼らがソ上魚であるということだ。産卵のために川に帰ってきたサクラマスは、上流を目差して河口から川を遡っていく。その際、一目散に川を上流部までソ上できるサクラマスは極めてまれだろう。川の流れは千差万別であり、時にはソ上するサクラマスにとって障害となることもある。さらに、川に入ったサクラマスは食性を失っていることから、海で溜め込んだエネルギーを大切に使いながら上流を目差さなければならない特徴がある。

そのためサクラマスは川のどこか居心地のいい場所で身体を休ませながら、少しずつ上流へ向かっていると考えたい。釣りのポイントについては、そうした「魚が足止めされるところ」を捜すのがひとつの近道。一番分かりやすい足止めポイントはやはり堰堤で、特に河口からソ上してきた群れが最初にストップする第一堰堤は、ルアーに対してピュアな魚が多いうえ、ある程度のストック量も期待できる。その川の人気ポイントになっている場合がほとんどだ。

それと、まだ淡水に身体が馴染んでいない群れの場合は、ポイントを上下に回遊していることもあるようだが、そうはいっても省エネに徹しながら上流を目差すソ上魚にとって、せっかく遡った流れを下る状況はできる限り避けたいはず。そこで、ポイント選択の際には、「サクラマスは基本的に上流へしか移動しない」ことを念頭に置くことも重要だ。たとえば、前回の釣行で魚の存在が確認できたポイントがあったとしたら、そこだけでなく上流側のポイントもひととおり探る価値がある。降水などで水位に変動があった時はもちろんのこと、そうでなくても時間が経てば上流に魚が動いている可能性があるのだ。

地形と水量

上流を目差すサクラマスが足を止めるポイントは、堰堤などの人工的なものに限らない。たとえばトロから早瀬に続く川の構造そのものも、魚のソ上をストップさせる「堰堤」要素。また、サクラマスは川底にある何らかのエッジや、ブレイクラインに身を寄せながら上流を目差す性質があるらしく、そうした地形変化も重要ポイントだ。ぜひ注目して探ってほしい。

それと、サクラマスのポイントを考える上では、「安定した深さ・水量」も無視できない要素だ。秋まで身体を休ませつつ川をソ上するサクラマスにとって、河川水量の増減は死活問題。状況によって例外もあるとはいえ、やはり渇水の季節でも干上がることのない、流れの本筋を選んでサクラマスはソ上していると考えたほうがいいだろう。流れの本筋には「リバーチャンネル」とも呼ばれるカケアガリやエッジが形成されていることが多いのだが、こうした場所をサクラマスが好む理由は、そもそも安定した水量を本能的に好んだ結果であると言えるようだ。

川をソ上するサクラマスをねらうにあたっては、魚たちが足止めされる場所が好ポイントのひとつ。堰堤はもちろんのこと、すぐにはソ上できない急流の下のトロ瀬などは、必ずルアーをとおしておきたいポイントだ。

誰の目にも明らかな大場所だけでなく、ちょっとした早瀬から川底が深みに向かって駆け下がっていくようなところにも、サクラマスが止まっていることがある。目につく変化にはひととおり探ってみる価値がある。

7 これだけは覚えておきたい基本のノット。

ノットは数よりも質が大切

簡単なものから手間のかかる複雑なものまで、ルアーフィッシングにはさまざまなノットがあるけれど、大きく分ければタイプは2つ。ルアーとラインを結ぶノット、そしてラインとラインを結ぶノットだ。ショックリーダーを使わない直結システムで臨むなら、ルアーとラインを結ぶノットだけを覚えておけばOK。ルアーフィッシング自体に初挑戦という人は、まずはシンプルに太めのナイロンラインを使った直結システムで始めてみると簡単だ。

とはいえ、やはりサクラマス釣りではリーダーを用いたラインシステムのほうが有利になる状況は多いものである。メインラインとショックリーダーを結ぶノットについても、おいおい身につけておいたほうがいいのは間違いない。ルアーとの結節に使うユニノットなどに比べると、どうしても手順が増えるので難しそうに見えるかもしれないが、ここで紹介している「フィッシャーマンズノット改」のようなシンプルなノットなら実際にやってみると意外にできるはずだ。最初はゆっくりで構わないので、きれいに結ぶことができるように繰り返し練習しておこう。結びコブが整っていないボコボコのノットは、見た目に格好悪いだけでなく強度が落ちやすい。まずは美しさを求めて練習してみると、正確なノットが作れるようになるだろう。

メインラインとショックリーダーを結節するノットについては、より強度の高いものから結びコブが小さくなるものまで、本当にたくさんの種類がある。しかし、入門者にとっては数多くのノットを覚えることよりも、まずは完璧なノットをひとつマスターすることをおすすめしたい。それと仕上がりに不安を感じるような時は、もう一度組み直す手間を惜しまないことも大切だ。しっかりしたノットであればポイント移動ごとに結び直す必要はないが、半日釣りをしたあたりで一度ノットを新しくする気遣いがあると万全だろう。

フィッシャーマンズノット改の、ノット部分。簡単で充分な結節強度が得られるノットなので、ラインブレイクした時も簡単にリーダーをもう一度セットできる。予備のリーダーは必携だ。

◎ラインとラインを結ぶ「フィッシャーマンズノット改」

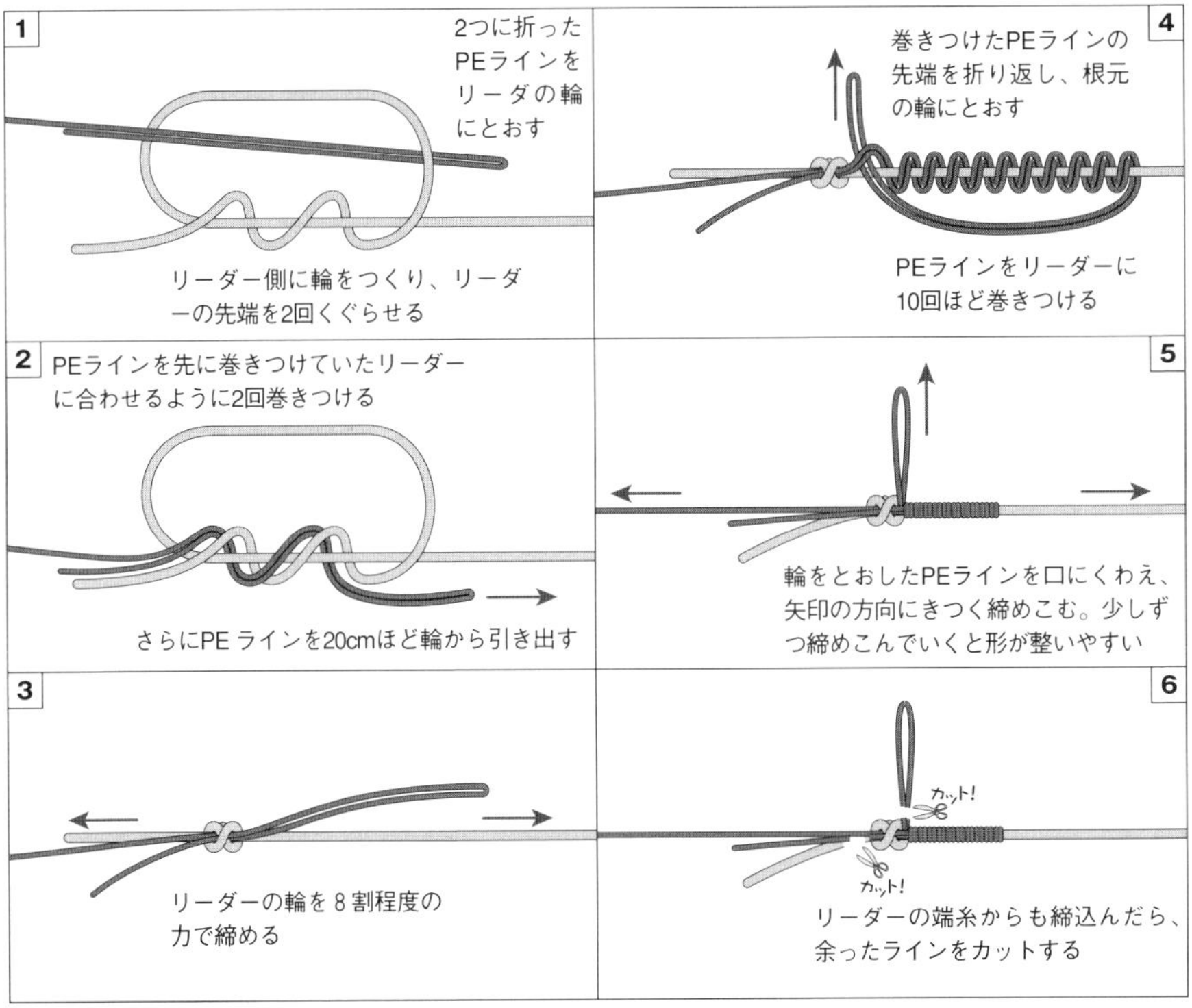

◎ラインをリングに結ぶ
「ユニノット」と「クリンチノット」

ユニノット

1

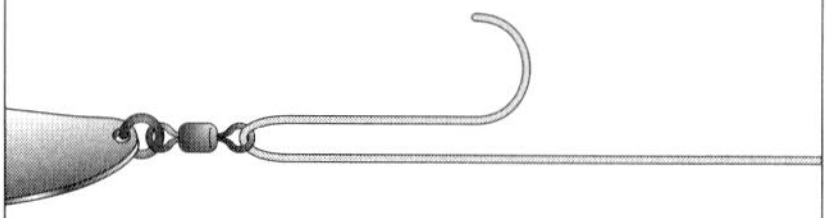

ラインをアイやスナップ
にとおす

2

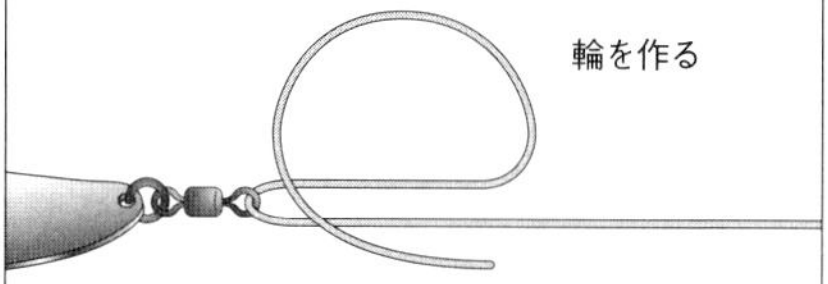

輪を作る

3

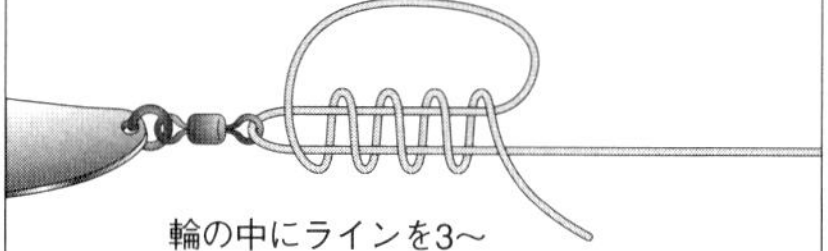

輪の中にラインを3～
4回ほど巻きつける

4

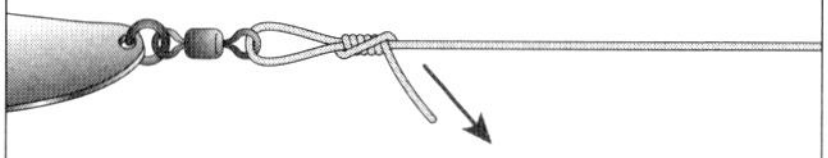

ゆっくり締めて軽く結び目をつくる

5

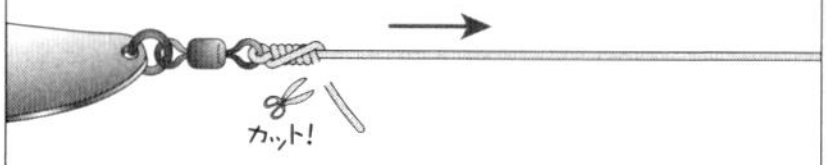

結び目とその付近を湿らせて、ラインを引いて
締めこむ。余ったラインをカットする

クリンチノット

1

ラインをアイやリングに
とおす

2

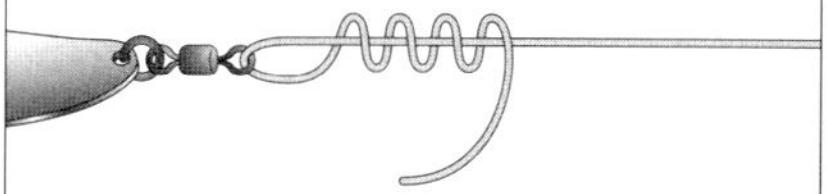

4～5回ほど巻きつける

3

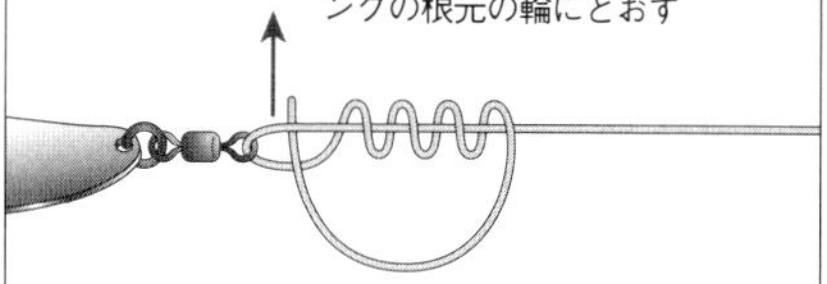

ラインの先端をアイやリ
ングの根元の輪にとおす

4

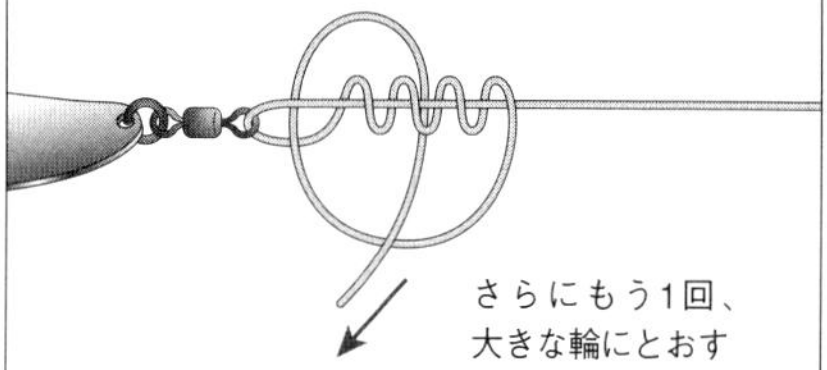

さらにもう1回、
大きな輪にとおす

5

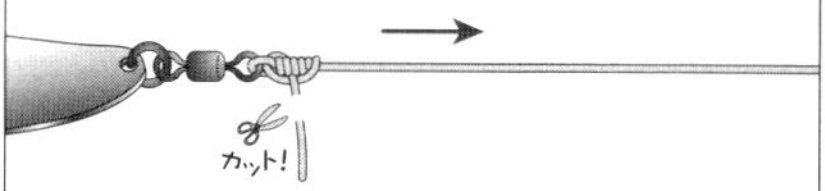

結び目全体を湿らせてから、ゆっくり引いて締
めこむ。余ったラインをカットする

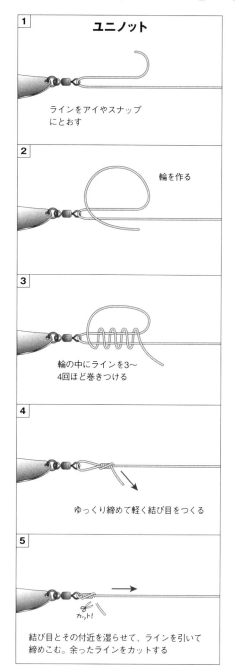

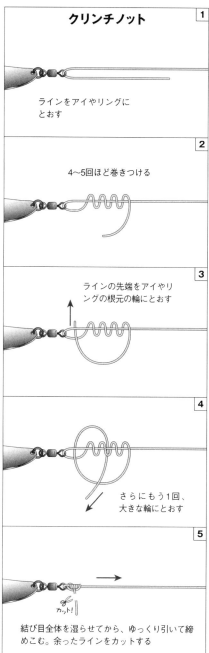

ダブルで補強するノット

基本的にショックリーダーはラインが岩に擦れたり、あるいは魚の身体に巻き付いた時にラインブレイクするのを防ぐためのものだけれど、ルアーのスナップやスプリットリングとの結節点を強化する意味でも重要な役割を果たしている。ラインが切れる理由はさまざまだが、ナイロンの直結システムで臨んでいる場合、スプリットリングやスナップと結節しているノットの前後からブレイクすることが少なくないのだ。

ノットの前部分から切れる原因としては、ノットを作る際のラインの劣化が考えられる。締めこんでいく過程で摩擦や熱が生じ、ラインが傷んでしまうのだ。仕上がりがくるくるとヨレているようでは、強度面で大いに不安。口で充分にラインを湿らせたうえで、もう一度ノットを結んで不要なライブレイクはあらかじめ予防しておこう。

それと、ショックリーダーを使っていないシステムの場合、リングやスナップに触れている部分から切れてしまう可能性がある。特に軸の細いスナップを利用しているとテンションが小さな一点に集中するため、そこからラインブレイクすることがあるようだ。対策としては、二重にしたラインでユニノット、クリンチノットを作る「ダブルユニノット」「ダブルクリンチノット」がおすすめ。それまで1本だったところを2本で支えられるようになり、これだけで簡単にノット強度を高めることができる。

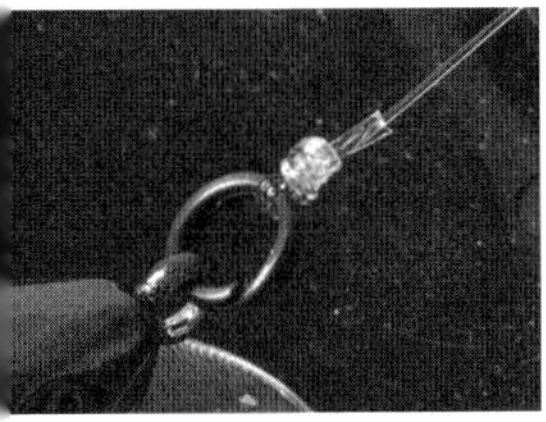

ダブルユニノットにすると、スナップやスプリットリングに触れる部分を二重にできる。

◎簡単で強度の高い「ダブルユニノット」と「ダブルクリンチノット」

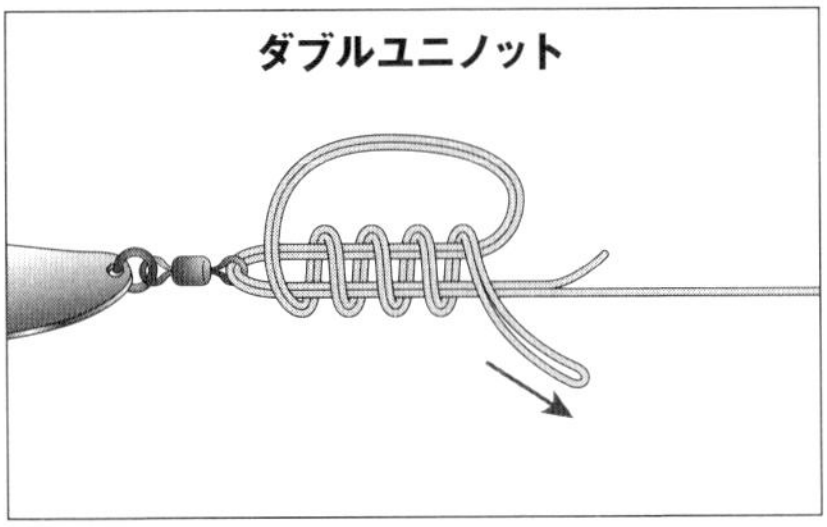

2つ折りにしたラインでユニノットを作る。ダブルクリンチノットのようにアイに2回とおしたうえでユニノットを結ぶ方法もある

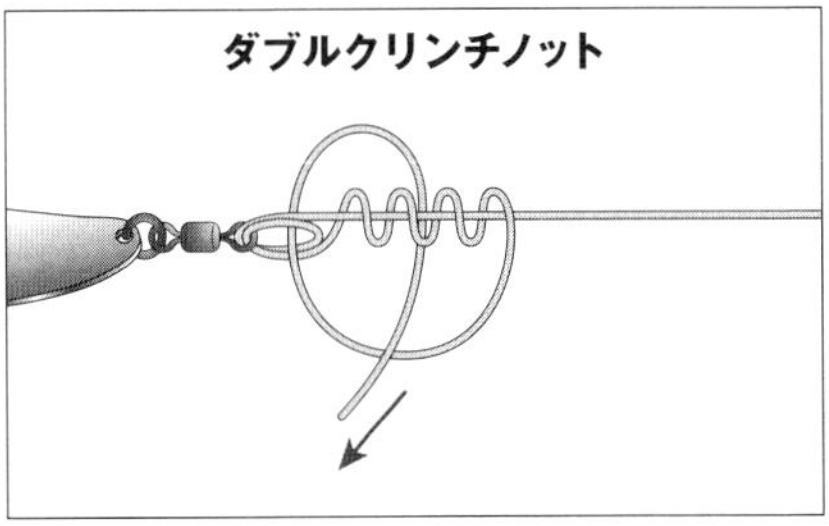

アイにラインを2回とおしてからクリンチノットを作る

COLUMN

サクラは気まぐれ

サクラマスの他のターゲットにない特徴は、河川に入った個体はエサを食べないということだ。アングラーのなかには「少しはエサを食べているのでは？」と考える人も少なくなかったりもするのだが、仮にそうだとしても普通のトラウトが持っているほどの、ベイトへの強い執着は期待できない。そのためルアーに対する反応も、ずっと淡白だ。

そんな魚を相手とする釣りなので、ヒットするかどうかは、結局のところその日、その瞬間の魚たちの気分しだいとも言える。どんなに上手なエキスパートが完璧なラインでルアーを流したとしても、水中に潜んでいるはずのサクラマスがまったく反応を示さないことは珍しくないし、そもそも魚にヤル気のない状態であまり粘っても、いまいち結果が付いてこないことは多い。

しかしその一方では、ふとした拍子に猛然とルアーに襲いかかることがあるのも、サクラマスという魚の一面だ。それまでまったく反応がなかったポイントでの10投目、ピックアップ寸前のミノーに流心から突進してくる魚もいれば、ヤマメを思わせる俊敏さで長くミノーをチェイスする魚もいる。サクラマスは、じつに気まぐれな魚なのだ。このあたりがサクラマス釣りの難しさであり、自然を相手とする面白さでもあるだろう。

気まぐれな性質だけに、気が乗らない時はとことんルアーに反応してくれないから、サクラマス釣りでは「いかに集中力を持続するか？」ということも、ないがしろにできない重要課題だ。とにかく反応が乏しい釣りなので、特にポイント変化の乏しい下流域では、時間が経過するうちにどうしても惰性の釣りになってしまうものである。

感度の高いタックルを使って水中の様子を積極的にイメージしたり、あるいは気分転換にルアーチェンジを行なうことも時には大切。気まぐれな魚がルアーを追う瞬間を逃さないように心がけよう。

まったくルアーに反応がないこともあれば、同じポイントから続けざまにヒットすることもある。サクラマスは気まぐれな魚なのだ。

C
シーズン初期、河口～下流の釣り。

サクラマスシーズンが
開幕したばかりの初春の釣り場は、
より海に近い河口～下流域。
川幅の広い規模の大きなフィールドが
ほとんどだから、飛距離を稼ぐことができ、
そしてまた太い流れを攻略できる
タックル&ルアーが不可欠だ。
それぞれの扱い方をしっかり覚えておこう。

TACTICS I

1 シーズン初期のポイントと、その捜し方。

初期は下流域に魚が多い

年が明けたばかりの1月下旬から釣りができる川、渓流釣りと同じタイミングに解禁する川、渓流解禁に1ヵ月ほど先んじて解禁する川など、サクラマス釣りの遊漁規則は各県・各河川によって多種多様だから、フィールドごとに解禁日もまたさまざま。そのためひとくちに「解禁当初」といっても、4月1日に解禁する川と2月1日解禁の川とでは、そこに大きな時差が生じるのだが、そうはいっても解禁したばかりの川でおもな釣り場になるのは、やはり下流部。川が解禁する時期によって、その想定範囲は広くなったり狭くなったりするけれど、もともといないところに海から魚が供給されるサクラマス釣りの場合、シーズン初期はより下流に魚が多いと考えるのが普通だ。ソ上が本格化していない冬場に解禁を迎える川では、河口近辺がメインフィールドになる場合もある。

さて、そうした河口～下流域の釣り場は川幅が広く、流れに目立った変化が見られないことがほとんど。そのフィールドに熟知していないと好ポイントか否かの判断は難しく、とりわけ渓流釣りに慣れ親しんだトラウトアングラーには、広大な河口～下流域は捉えどころがないように感じられるはずだ。川が多少なりともカーブしてくれればまだとっつきやすいのだが、ストレートに護岸されているような川だと、いったいどこを釣ったらいいのか入門したての頃は迷うことも多いだろう。

そんな時、注目したいのが水中に感じる何かしらの「変化」である。カケアガリ、カケサガリといった地形の変化。そしてまた、大きな岩、ひとつだけ沈んでいるテトラポッド、撤去された古い橋脚の跡といったストラクチャーによって感じることができる変化。ルアーをリトリーブするなかで得られるそうした変化の感触は、サクラマスの付き場を教えるサインであることが少なくない。何かに当たったり、あるいはそこだけ周囲と比べて深くなっていると感じられるところには、複数キャストを重ねる価値がある。

アタリが極端に少ない釣りだけに、魚だけを求めてキャストを重ねていくと、必ずどこかで集中の糸がプッリと切れてしまう。茫洋とした河口～下流域で集中力を維持する意味でも、水中にある見えない地形変化やストラクチャーを捜すことに注目する釣りは効果がある。とはいえ、その一点にこだわりすぎるのも効率が悪い。特に初めての川では、そうした変化をたくさん捜すことを目標に川を歩いてみると自然と釣りの効率が上がり、結果的にヒットチャンスも広がるはずだ。ポイントをたくさん開拓できれば、次回の釣行でさらに効率のいい川歩きができるようにもなる。

下流から動いてくる魚

河口～下流域のポイントについては、下から魚が遡ってくる意識もあるといい。今はもぬけの殻のポイントでも、状況しだいで下流から魚が刺さってくる可能性がある。海からのフレッシュランならルアーにまったくスレていないし、そうじゃなくても動いている個体はルアーに好反応を示すことが多いため、そうしたタイミングに当たれば高確率でヒットが期待できるはずだ。

そのため、ポイントはサクラマスのソ上ルートとの関係からも見極める目を持ちたいところ。河川に入ったサクラマスたちの動きはそう簡単に読めるものではないが、ソ上ルートにある「変化」を釣ることで少なくとも動いてきた魚に当たるチャンスは増える。流心はどちらの岸に寄っているのか、ブレイクラインはどこにあるのか。ソ上魚を相手とする釣りでは、常に魚の通り道をイメージする意識が重要だ。

左）捉えどころのないように見える太く平らな流れの中にも、さまざまな「変化」が必ずある。漠然とキャストを続けるのではなく、魚の気配を感じながら釣るように心がけたい。右）目に見えるポイントのない釣り場では、水中のポイントを手元の感触で捜す意識を持ちながら釣りをしていると、集中力をキープしやすい。

2 遠投できて、多投もできる。道具はそのバランスが大切。

キープキャストのバランス

宮城県追波川は川幅平均250mもある広大なフィールドであるうえ、川がストレートに流れているため流心がどちらかの岸に寄っているということもなく、それなりに飛距離を稼げないと釣りにならない釣り場だ。時代によって多少の流行り廃りはあったにせよ、これまで基本的にはキャスタビリティーに優れた道具立てが常に定番となってきたし、いち早く釣り人たちの間でロングロッドとPEラインの組み合わせが浸透したサクラフィールドでもある。

そんな追波川ほど極端ではないにしても、河口～下流の釣り場は一般的に川幅が広いことから、やはりタックルは遠投できるものが望ましい。「そこにいる魚をどう釣るか」の以前に、「魚がいるところまでルアーを運べるか」が問われるポイントも多く、より沖に向かってルアーを投げることができれば、それだけ魚との出会いも増えると言える。

しかし、かといってあまりに遠投性能ばかりを重視したタックルセレクト、及びルアーセレクトは、逆に現場で大きなストレスになることもあるので注意が必要だ。渓流ヤマメ釣りなどと違って、サクラマス釣りはとにかくキープキャストが求められる釣り。シーズン初期の河口周辺の釣りでは、群れが射程範囲内に回遊するのを待つことも多く、さらに目に見える分かりやすい反応がほとんど得られないため、魚の有無すらはっきりしないまま可能性を感じるポイントでひたすらキャストを重ねる状況が珍しくない。

そんな時、たしかに遠くに飛ぶけれど、1回振り抜くたびにたくさんのパワーを消費する道具立てでは、きっと心が折れてしまう。サクラマス釣りにおける「キャスタビリティ

宮城県のサクラフィールド、追波川。東北の大河・北上川の最下流にあたるため、その川幅は平均250mもある。こうした釣り場を攻略するためには遠投性能の高い道具立てが不可欠だ。

ー」とは、遠投できて、なおかつ多投できるものを指す言葉。とかく遠投タックルというとパワフルになりがちだが、道具を選ぶ際にはそれを1日振り続けることができるか？という側面からも考えておきたい。

ロッドは、太いよりは細いほうが振り抜けがいいし、重いよりは軽いほうが疲れにくい。ルアーにしても、重いほうが飛ぶとはいえあまりにヘビーなものはキャストのインパクトで生じる負担が大きく、それだけを投げ続けるのは正直タイヘンだ。遠投性を著しく損なわない範囲のなかで、自分の体格・体力に見合った長さ、重さ、硬さのロッド、そしてルアーを選ぶことが重要。どんなに遠投できる道具立てても、キープキャストできなければ意味がないのだ。

意外に岸に寄っていることも

規模の大きなフィールドでは、より遠くにルアーを投げることができれば探れる範囲が広がるという意味で、ヒットチャンスもまた増えるのは事実。しかし、それでは遠投した沖でばかりサクラマスが釣れるのかというと、実際にはそうでもない。川幅のある下流域でも、意外に手前のブレイクラインがサクラマスたちの回遊ルートになっているのはよくある話。そこが広大な釣り場で沖の流れにヒットの可能性を感じる場合でも、ピックアップまで気を抜かない、ていねいな釣りを心がけよう。

手前がドン深になっていたり、ブレイクラインが岸際ギリギリにある場合には、サクラマスも至近距離に定位している可能性がある。プレッシャーの薄まっている朝マヅメや、自分以外に周囲に釣り人がいないポイントを釣る際には、いきなり岸に近づかず、ちょっと間隔をあけたところからアプローチできるといいだろう。ちょっとした気配りで思わぬ1尾に出会えることもあるはずだ。

サクラマス釣りにおけるロッドのキャスタビリティーを考える時は、遠投できることのほかに、投げ続けられることについても注目したい。アタリの少ない釣りだけに、キープキャストできなければ意味がないのだ。

3 初期はスプーンが定番だ。

シンプルでも抜群の実釣力

　シーズン初期のおもな釣り場になる下流域で活躍するルアーがスプーンだ。川幅のあるフィールドでも簡単に遠投できるし、雪代の流入などで増水した太い流れを探る釣りにも使いやすい。18～21gをメインに、24gあたりまでのスプーンがシーズン初期の定番。ゆっくりとした速度域で効果的に魚を誘えるため、ポイント全体が渋く、活発にルアーを追う活性のない状況でも頼りになる。カウントダウンでトレースレンジを調整できるから、下層を中心にねらう初期の釣りに打ってつけだ。

　基本となる使い方は、流れに対してアップクロス～クロスにキャストし、スロー～ミディアムのリトリーブ速度で流れを横切らせるというもの。着水と同時にリーリングを開始すれば表層付近を、着水後にフォールさせてレンジを下げれば中～下層をトレースできる。

　あまり水深がなく根掛かりが多発するようなポイントを釣っていて、それでも下層のレンジを探りたい場合には、着水後すぐにリールのベイルを戻し、テンションを保ったままカーブフォールでスプーンを落とし

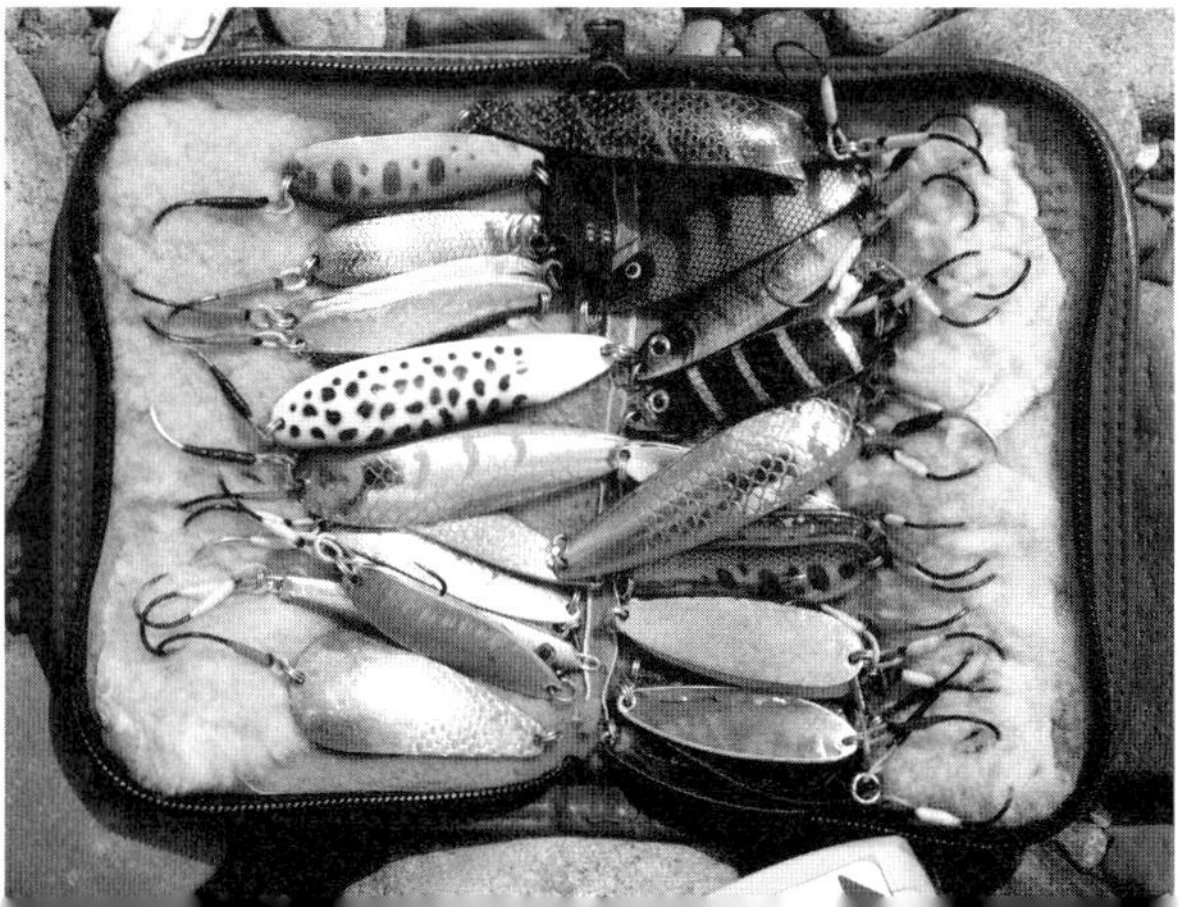

飛距離を稼ぐことができ、なおかつ下層をゆっくりと探ることができるスプーンは初期の定番ルアー。18～21gをメインに、24gあたりまでそろえておきたい。

C シーズン初期、河口～下流の釣り。

シルエットは同じでも、厚みが違えば重さも変わる。同サイズ異ウエイトのスプーンを用意しておくと、微妙なレンジ調整が可能になる。

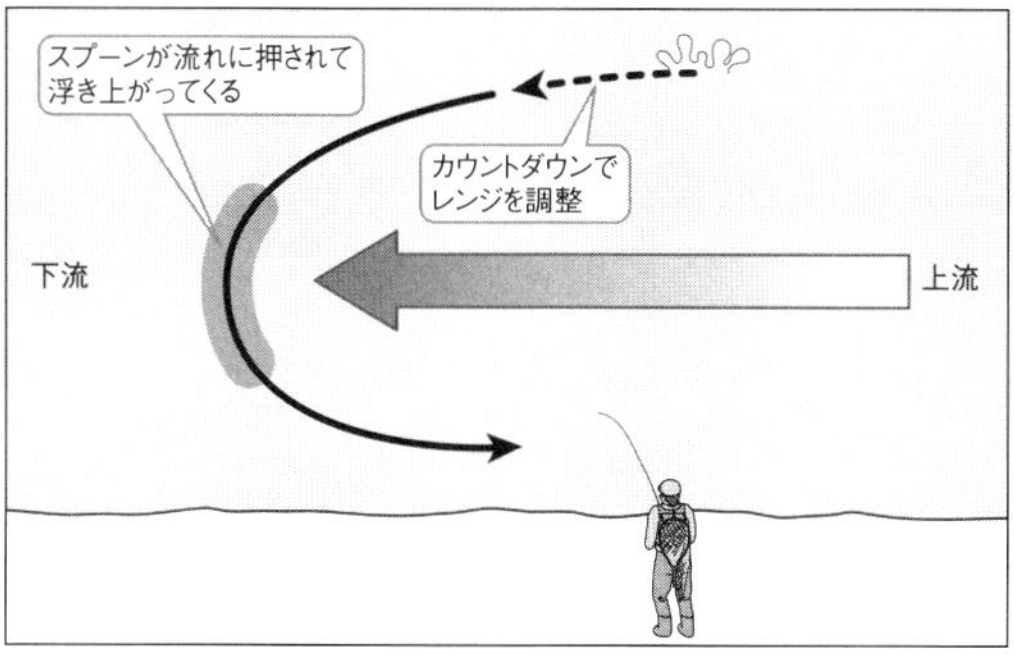

◎スプーンの基本の使い方

アップクロス～クロスにキャストし、スロー～ミディアムのリトリーブ速度で流れを横切らせる。着水後のカウントダウンでレンジを調整。フォーリングしている最中のヒットも少なくないので、リーリングを開始した際のテンションの変化は要注意だ。流れの押しが強まるとすぐに浮き上がり始めるので、リーリングスピードを調整してレンジキープを心がけたい。

込んでみるといいだろう。ボトムタッチにこだわりすぎて根掛かりし、ポイントを荒らしてしまっては元も子もないので、スプーンを落とし込む際にはほどほどに抑える意識も時には必要だ。

それと、スプーンの釣りで忘れてはならないのは、流れに押されたスプーンはある段階から徐々に浮き上がってくるということだ。ミノーのような流れを捉えるリップがないため、流れを横切り反転したあたりで、必ず水圧に耐えきれなくなり表層に向かう軌道に変わる。この時、一気にレンジから弾かれてしまうことのないように、それに合わせてリーリングの速度を調節することが重要。流れに押されて反転していく瞬間は、チェイスしてきたサクラマスのバイトチャンスでもある。ここでじっくりスプーンを見せつける釣りをイメージしたい。

同サイズ異ウエイト

スプーンについては、重さとサイズの関係にも注目したいところ。たとえば全長60㎜と全長70㎜のスプーンでは、水中で流れから受ける抵抗がずいぶん違う。レンジを下げるために重いスプーンへ交換したにもかかわらず、モデルによってはボリュームも一緒にサイズアップしてしまい、効果的にレンジを釣りわけることが難しくなることもあるのだ。

スプーンのなかには全体のシルエットは同じでも、厚みを変えてウエイトにバリエーションを作っているものもあるので、それらを準備しておくとねらうレンジの攻略はずっと簡単になる。ひととおりウエイト違いで揃えられれば万全だが、メインに使うウエイトと、そのひとつ上のウエイトの2タイプだけでも充分だ。

4 スプーンを転がすと大ものが釣れる理由。

テリトリーに送り込む

サクラマス釣りのなかで、古くから各地で実践されてきた定番中の定番が「スプーンで底を転がす」という釣り方だ。おもにシーズン初期の本流で出番の多い釣りで、それほど活発な動きが期待できない魚に対して有効だと考えられている。なかでも不思議と大ものが釣れるテクニックとして知られており、その効果のほどを語るベテランアングラーは決して珍しくない。

なぜ、大ものが釣れるのか？ これにはどうも大型サクラマスの、底層を好む性質が関係しているようだ。もちろん水中のことなのでハッキリとは言えないのだが、それでも「大きなサクラマスほど底に近いところに定位している」というのは、釣り人たちの経験談としてよく耳にするところ。大きな個体ほど群れのなかで力が強く、優先的に付き場を選んでいるとすれば、より安心できる底近辺に大ものが集まっていたとしてもおかしくはないだろう。

その点、スプーンを底で転がす釣りはそうした大ものの潜むレンジにぴったり合う。釣り分ける意識の有無にかかわらず、自然と大ものの定位する層にルアーが入るため、結果として大型がヒットしやすくなっていると言えるのではないだろうか。

それとまた、スプーンを転がす釣りは流心を縦にドリフトすることができるため、大型の縄張りそのものにアプローチしやすい点もヒット率が高まる理由と考えられる。警戒心の高い大ものは、そう簡単には付き場を離れたがらないはずだから、彼らのテリトリーにルアーのほうから入っていく釣りが不可欠だ。たとえば流心の底に沈んでいる魚に対して、その鼻先でミノーを泳がせてアピールするのはなかなか容易ではないけ

底を転がす釣りでは根掛かり対策が必須。シングルフックで挑もう。

れど、スプーンの場合はフォール自体が誘いになるため、アップクロスに投げてテンションフリーで転がせばそれも難しくない。底に張り付いている魚をレンジ的にだけでなく、テリトリー的にもタイトに釣ることができる点も、底を転がす釣りならではの特徴なのである。

底の転がし方

底を転がすとひと口にいっても、意外と釣り人によってその転がし具合は異なるものだったりする。とはいえ、一般的なのは対岸に向かって斜め上流にスプーンをキャストし、流れの筋に沿って縦に底まで落とし込んだところでテンションを張りデッドスローリトリーブ。あとは流れの押しを利用しながら、スプーンの浮き上がりを抑えることを意識してゆっくりターンさせる釣りだ。

より上流側に着水させて、縦にドリフト気味にフォールさせる時間を長くとれば、太い流れでもボトムレンジを探ることができる。逆にキャストをクロス〜ダウンクロス気味に行なったり、あるいはフォール時間を省略したり、またはリトリーブを速めればトレースレンジは浅くなる。ボトムに近づく釣りは根掛かりの危険性が高まるもの。そのポイントでちょうどボトムを切るレンジがトレースできる着水点、フォール時間、リトリーブ速度を早く見極めたい。

◎スプーンで底を転がす釣りの基本イメージ

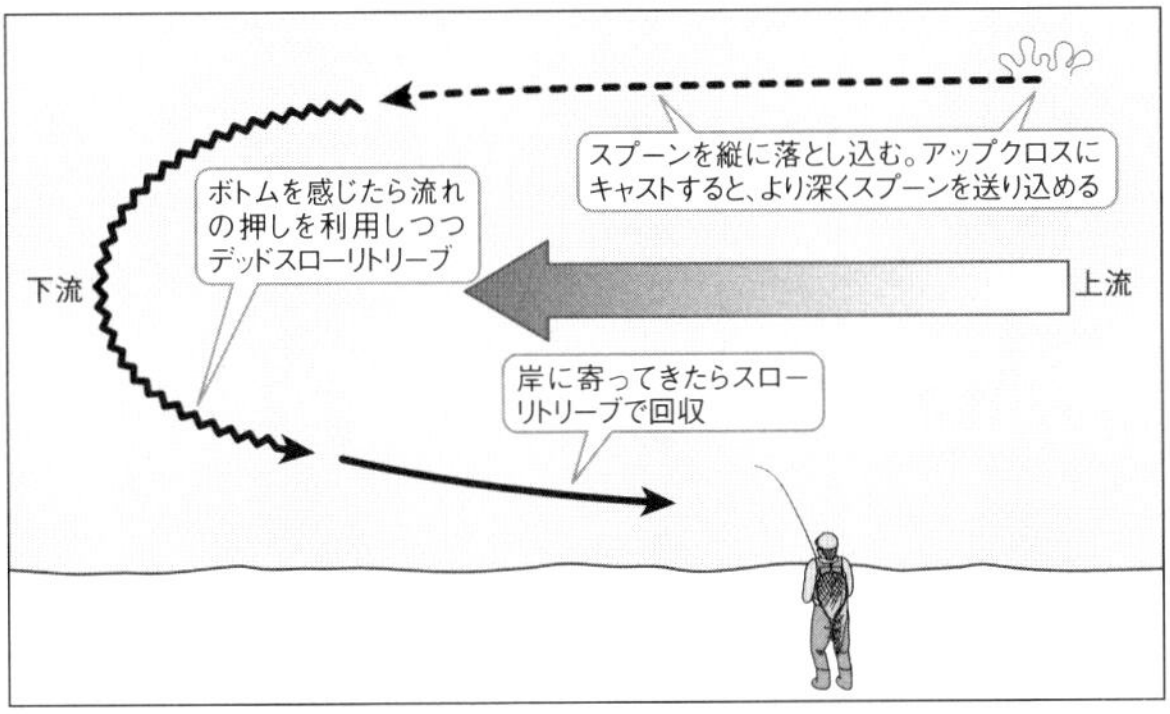
スプーンを縦に落とし込む。アップクロスにキャストすると、より深くスプーンを送り込める
ボトムを感じたら流れの押しを利用しつつデッドスローリトリーブ
下流
上流
岸に寄ってきたらスローリトリーブで回収

クロス〜アップクロスで着水させたスプーンを、テンションフリーで流れに乗せて縦にボトムへ送り込む。着底を感じたらラインテンションを張り、イトフケを取る程度のデッドスローで底層をキープしながら、ゆっくりと流れを横切らせていく。手前まで流し、逆引きになったあたりで回収。そのポイントの流れの強さにもよるが、岸に近づき川底が浅くなってもまだスプーンがボトムレンジにあると根掛かりやすくなるので注意。

大型のサクラマスほど底に近いレンジに定位していることが多い。スプーンで底を転がす釣りは、そうした大ものの鼻先にルアーを送り込みやすい釣りだ。

5 ディープダイバーで難所を攻略。

根掛かりにくさも特徴だ

　ディープダイバーの優れているところは、なんといってもその長いリップを活かした潜行能力だ。リトリーブするだけでサクラマスの活性層まで急潜行し、重く複雑な流れのなかでも、ディープレンジを確実にトレースできる。スプーンと違って、ターンしている途中で流れに押され浮き上がってしまうこともなく、ピックアップ付近までしっかり低層をキープした釣りが可能で、手前に流れが当たってエグれているような深場や、あるいはテトラ帯から岸際を釣る場合でも、ディープダイバーなら逆引きの状態で苦もなく低層に到達。難所の攻略をずっと簡単なものにしてくれる頼りになる存在だ。シーズン初期はもちろんのこと、盛期から終盤まで常に出番のある主力ルアーのひとつと言えるだろう。

　それとまたディープダイバーは、根掛かりにくさの点でも非常に扱いやすいルアーだ。リップに水流を受けると前傾姿勢を保ったまま潜行するため、長いリップのその先端付近が最初に障害物とコンタクトすることになり、フローティングタイプならそこでテンションを緩めれば事前に根掛かりを回避できる。リップとボディーがフックを隠す役割を果た

前傾姿勢で泳ぐため、ストラクチャーに最初に当たるのは、この長いリップ。ディープダイバーのロングリップは急潜行を可能にするだけでなく、根掛かり回避の盾としても活躍してくれるのだ。フックがリップとボディーの陰に隠れるため、余計に根掛かりにくくもなっている。

していることもあり、極端なシャローでなければボトムを叩きながら底を舐めるような釣りもこなしてくれる。ボトムタッチの感触に集中しつつ、ラインテンションの緩いスローリトリーブで探ってみよう。

底石や流木などに触れてもかわしやすいことから、ディープダイバーを使っていると、そうした目には見えないサクラマスの付き場を発見できることも、けっこう多い。あまりしつこく探ると最終的にがっちり食い込んでしまいがちなので、ポイントの存在を確認したらミディアムディープなどにルアーを変えて、ねらってみるのも面白い。

基本の使い方

アップクロス、クロス、ダウンクロスに投げてリトリーブし、ゆっくり流れを横切らせる使い方が一般的。長いリップは泳ぎの安定性にも貢献しているため、どんな流れでもタダ引きするだけで力強く泳ぎ出し、充分なアピール力を発揮してくれるものが多い。が、時にはロッドでトゥイッチを入れ、イレギュラーなアクションを加えてみるのも効果的だ。引き抵抗の強いルアーなのでパワーのあるロッドのほうが扱いやすい。

長いリップの水掴みのよさを活かし、流れの押しだけを利用してアクションさせる使い方も面白い。ダウンクロス気味にキャストしたら、イトフケを取るだけのリーリングに留めて、ゆっくり流れを横切らせる。リトリーブの釣りよりもスローに魚を誘いたい時や、ポイントの流れが強く引き抵抗の重さがストレスに感じた時に試してみたい。

◎ディープダイバーのボトムノック釣法

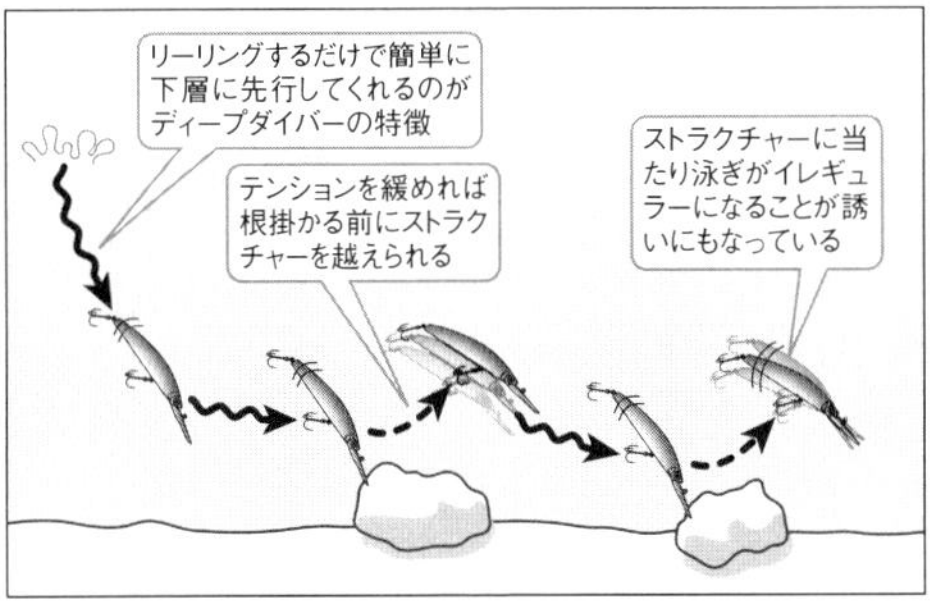
リーリングするだけで簡単に
下層に先行してくれるのが
ディープダイバーの特徴
テンションを緩めれば
根掛かる前にストラク
チャーを越えられる
ストラクチャーに当
たり泳ぎがイレギュ
ラーになることが誘
いにもなっている

ディープレンジの攻略だけでなく、あえてリトリーブするとボトムに当たる浅場でディープダイバーを使ってみるのも効果的だ。リーリングで潜らせて、ストラクチャーを「コツン」とリップが捉えたところでサオ先を送ってテンションを緩め、根掛かりを回避。そしてまたリトリーブを開始し、ボトムを捉えたら回避する釣りを繰り返す。ストラクチャーを越える際のリズムチェンジがサクラマスのバイトタイミングになるイメージだ。ぐりぐり巻いていると回避する前に根掛かってしまうこともあるので、ボトムを静かに探るような感じで、優しくリトリーブするのがコツ。

ディープダイバーはサクラマス攻略に欠かせない主力ルアー。シーズン初期から盛期、そして終盤まで出番は多い。

6 バイブレーションプラグの釣り。

基本のタダ引き

10年ほど前までそれほど多用されるルアーではなかったが、今やサクラマス釣りの世界でバイブレーションプラグはすっかりポピュラーな存在。それだけ各地で確実に実績を上げてきたということだろう。その抜群の遠投性能と素早い沈下性能は、とりわけ下流～河口域の広大なフィールドを釣るのにぴったり。スプーンのように流れを受けて極端に浮き上がることもなければ、リップがないぶんミノーよりもずっと水切れに優れるルアーなので、低層をキープしながら太く押しの強い本流を探る釣りに、非常に使いやすい。スプーンとミノーでは太刀打ちできない急流の下、あるいは深みに到達できるルアーだ。ひと昔前に比べるとトラウト用のサイズやウエイトのバリエーションもずいぶん増えているため、流速やねらうレンジに応じて細かな使い分けもできるようになっている。

バイブレーションの基本の使い方は、クロス～ダウンクロスの角度で流れを横切らせるタダ引き。スプーンやディープダイバーなどのミノーに比べると、アクションするのにより強い水圧が必要なルアーなので、ゆっくりとルアーを魚にアピールさせたい時は、ダウンクロスで川の流れも利用しながら振動させるといいだろう。逆に速く誘いたい時はクロスに投げて、ルアーが流れを捉え始めるまでファーストリトリーブ。いずれにしても抵抗感が少ないルアーだけに、特にこのタイプのルアーに慣れないうちは手元に伝わる振動に集中すると操作しやすい。

得意とするレンジは、やはり底近辺。着水後のカウントダウンで落としてねらうレンジを調整し、トレースの最中に浮き上がっていると感じるような時は、よりウエイトの重い

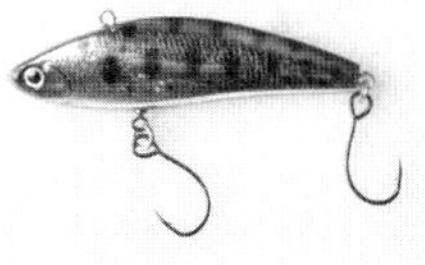

ボトムを釣る時はフックポイントを少なくしたほうが無難。ただしバイブレーションによってはトリプルフックを外すと動きがバタつくものもあるので、最初からシングルフックにバランスされているものを選んでしまうのが手っ取り早い。

もの選択すると下層でのレンジキープが容易になる。ただ、釣り場によってはあまりタイトに探りすぎると根掛かりが頻発するので注意が必要だ。シングルフック、あるいはダルフック仕様にすると根掛かりはずいぶん軽減できるので、根掛かりが多い釣り場に足を運ぶ際にはあらかじめ準備しておくといいだろう。

リフト&フォールも効果的

バイブレーションの遠投性能と沈下性能を活かして、広大なフィールドを広範囲に探るにはシンプルなタダ引きが一番。しかし、魚が付いていそうな深み、ブレイクライン、ストラクチャーが絞られている時にはリフト&フォールも効果的だ。テンションを張りながらヒラヒラと魚が潜んでいると思われるところまで沈ませたら、ロッドを煽ってリフト。そしてまたイトフケを取りながらテンションフォールさせて、再びリフト。確実なボトムタッチにこだわるとやはり根掛かりが心配なので、そのポイントの下層近辺にバイブレーションが到達していれば充分と考えて問題ない。もちろん、根掛かりの少ない底質ならボトムをしっかり取ってもOK。リフトしたバイブレーションに食ってくるサクラマスが多いが、特に表層の流れが速くアプローチの難しい深場では、ディープレンジにルアーが到達した瞬間に食ってくる魚もいるので、フォールの際も気を抜かず集中したい。

また、バイブレーションはファーストリトリーブできるルアーなので、リアクションバイトをねらう釣りにも最適。ポイント全体にかかるプレッシャーが高く、魚がスレていると感じた時に試してみたい釣り方だ。

すっかりサクラマス釣りに欠かせないルアーになったバイブレーション。ミノーやスプーンではなかなか到達できないレンジ、流れの隙間にこいつなら簡単に入ってくれる。

◎バイブレーションのリフト&フォール

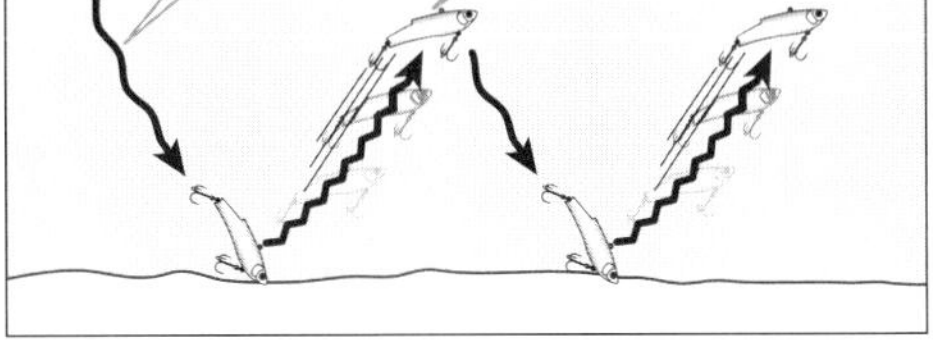

テンションフォールでバイブレーションをボトムまで落とし、ロッドでリフトする「縦の誘い」に反応を示すサクラマスも多い。リフトした時にバイトが集中する傾向にあるので、イトフケを素早く取って次の操作に臨むこと。

7 カウントダウンと手返しの関係性。

表層をねらう意識も忘れずに

ミノーのようにボディーに空洞があるわけでもないし、素材的に鉄板でしかないスプーンは沈下性能に優れたルアーだ。ラインテンションを緩めればキラキラと輝きながら底に向かい、アップクロスにキャストして上流から落とし込めば、それなりの重さがあるスプーンなら太い本流でボトムタッチを得ることも難しくない。重くて小粒なルアーなので飛距離がほしい状況でも重宝するけれど、おもにその沈下性能を活かした釣りに使われることが多いルアーである。実際のところ、沈ませたい場面でスプーンをラインに結ぶ釣り人がほとんどに違いない。

しかし、サクラマス釣りを何シーズンか経験するうちに、表層のスプーンにヒットする魚が、あんがい多い事実にきっと気づくことになるはずだ。着水してすぐのスプーンに、イトフケを取っているうちにサクラがヒットすることもあれば、カウントダウンをしていない隣りのアングラーばかりが連発する状況に遭遇することもあるだろう。スプーンを投げたくなるような深さのあるポイントでも、魚が表層を意識していることは意外に少なくないのである。

そんな時、ていねいにカウントダウンして下層を探る釣りを続けていると、極端に効率が悪くなることは覚えておきたいところだ。着水直後にリトリーブを開始する釣りと、ボトムまでしっかりカウントダウンさ

高活性の魚が期待できる朝マヅメは、手返しを重視して表層から探ってみたい。

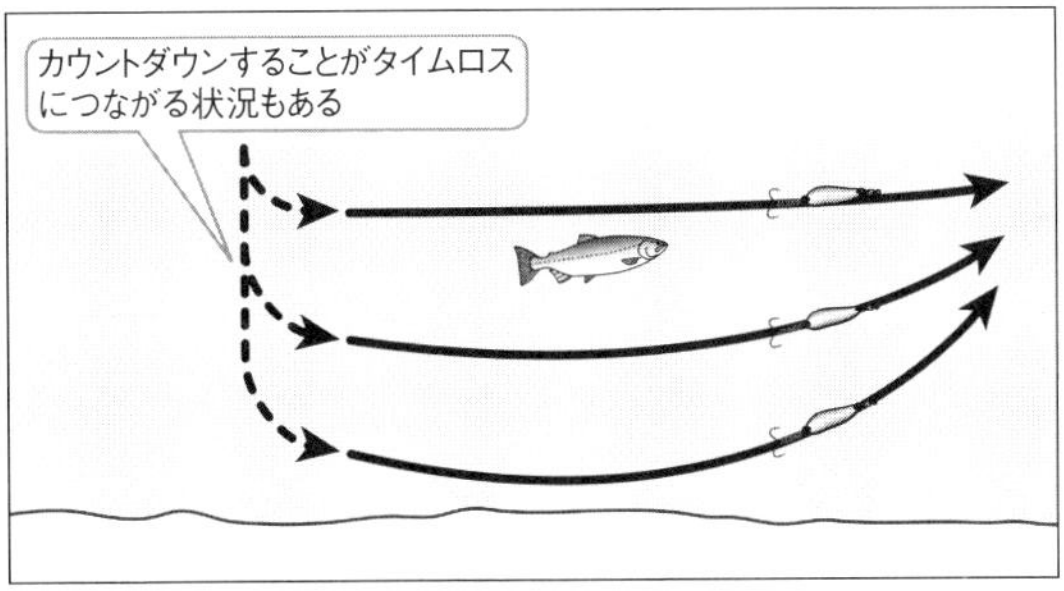
カウントダウンすることがタイムロスにつながる状況もある

◎マヅメ時なら、まずは表層から探るのがセオリー

サクラマスの活性が高まっているタイミングなら、表層を手返しよく釣ったほうが効率がいい。まずはカウントダウンせず、食い気のある魚を拾うイメージで周囲を広く探ることを意識したい。表層で反応がなければ、徐々にレンジを下げていく。

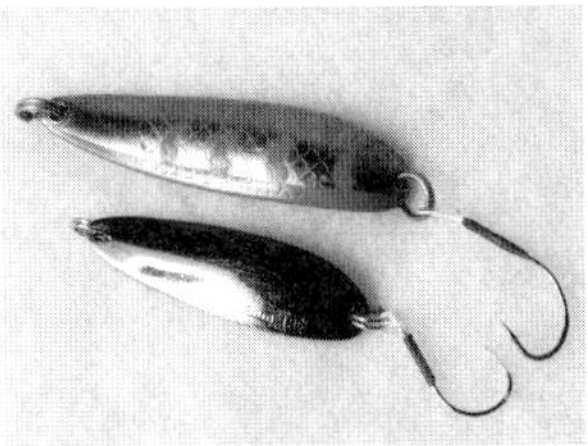

ねらっているレンジからスプーンが浮き上がっていると感じるような時は、一般的なサイズよりもひと回り小さなスプーンを使ってみるのも一手。小粒でウエイトのあるスプーンがあると、攻略の難しいポイントでもタイトに探ることができる。

せる釣りとでは、ピックアップまでに要する時間に大きな差が生じる。魚が表層を意識していると判断できる場合は、スプーンを沈ませることなくどんどんキャスト重ねたほうがヒットチャンスは増えるはずだ。

　手返しを優先すべきなのか、それとも底にいる魚を誘うべきなのか。1回のトレースにじっくり時間をかけることができるスプーンの釣りでは、その状況に応じた釣りを効率の面から判断できるようにしたい。朝マヅメなどの好機はサクラマスも表層を意識していると期待できるので、まずは表層を手返しよく探ってみるといいだろう。それで反応がなければ、徐々にレンジを下げていくイメージだ。朝イチの最も期待の大きい時間帯を、わずか数投で自ら根掛かりによって荒らしてしまわないためにも、表層から始める釣りは大いに意味がある。

小粒なスプーンもあるといい

　表層を意識して魚が動いている状況もあれば、その逆で底べったりに沈んでいる状況も、もちろんある。24gあたりまで揃えておけば大抵のポイントで底層をねらえるはずだが、それでも今ひとつ明確なボトムタッチが得られなかったり、あるいは操作性が悪いと感じるような時は、より小粒で重いスプーンを用意しておくのもアリだ。

　河川のサクラマス釣りでは65㎜前後のスプーンが一般的だが、湖沼のサクラマス釣りでは50～55㎜クラスのスプーンが広く使われ、高い実績を誇っている。湖、海、河川で魚を刺激する要素は微妙に違ってくるはずではあるけれど、既成概念にとらわれず試してみると、すっかりアタリが遠のいている時間帯を打破する一手になってくれるかもしれない。

8 潮汐とサクラマスの好機。

潮の満ち引きが魚を動かす

渓流釣りなどの一般的なトラウトフィッシングで、「潮汐」を気にかけることはほとんどない。しかし、こと河口〜下流域のサクラマス釣りにおいて、潮の満ち引きはサクラマスの動きに大きな影響を及ぼす要素だ。

河口に近い汽水域のフィールドでは、潮が引くと川の水もまたそれに合わせて下流に向かって動き始めるため、それまで停滞していたサクラマスの活性が高まり一気に食いがよくなることがある。サクラマス釣りはなかなかアタリが得られず、ポイント移動や川を上がるタイミングの判断が難しい釣りだが、潮汐の影響があるポイントでは水が動き始めるまで待ってみる価値はあるだろう。たとえばアタリがあったもののヒットに至らなかったポイントがある時には、潮が動き始めるタイミングに合わせて再び足を運んでみるのもいい。

また、満潮に向かって海面が上昇し、海水が川のなかに入ってくるようになると、それに乗じて海に待機していたサクラマスの一群がソ上を開始することがある。より河口に近いエリアでロッドを振っている時は、満ち潮がフレッシュランと出会うひとつのチャンスだ。海から川に入ってきたばかりの魚はルアーにピュアな反応を見せてくれるため、幸運にもその好機に当たることができればヒットの期待は大きい。干満の差が激しい大潮の日なら、大きな群れが川に入ってくる可能性もある。

太陽が顔を出したら期待大

フレッシュランのソ上を除けば、ふつうサクラマス釣りの好機とは、シーズンを問わず水の動きの変化・増減による活性の高まりと、プレッシャーがリセットされるタイミングのことを言う場合が多い。しかし、とりわけ天候不順なシーズン初期の釣りでは、「光量」もサクラマスのヒットに大きく関係してくるものと考えられている。たとえばそれまで何人もの釣り人が叩いたポイントでも、曇っていた空がパッと明るくなった時に、不思議とヒットすることが多いのだ。

　太陽が顔を出したことで、わずかながら水温が上昇したことが影響したのかもしれないし、あるいは曇り空から晴天になったその変化そのものが、サクラマスの何らかのスイッチを刺激したことも考えられる。が、ヒットした理由はさまざまなれど、なかでも無視できないのはやはり光量の増加だろう。光がよく当たれば、水中のルアーはより強く輝くようになる。それまで存在に気づいていなかったり、またはあまり魅力的に感じていなかった魚が、輝きを増してハッキリと見えるようになったルアーに、一転して興味を示すことは大いにあり得るはずだ。

　こうした光量の変化は、川が雪代などで濁っている時も好機として期待できる。雲の切れ間から太陽が顔を出し、周囲が明るくなってぽかぽかし始めたら、より一層集中してポイントに臨みたいところだ。

こちらは追波川で釣れたサクラマス。水が動き出すと、一気に周囲の活性が高まる。

宮城県追波川は代表的な汽水域のサクラフィールドだ。北上大堰が海水のソ上を防ぐ役割も果たしており、潮の干満によって川の流れが大きく左右される。

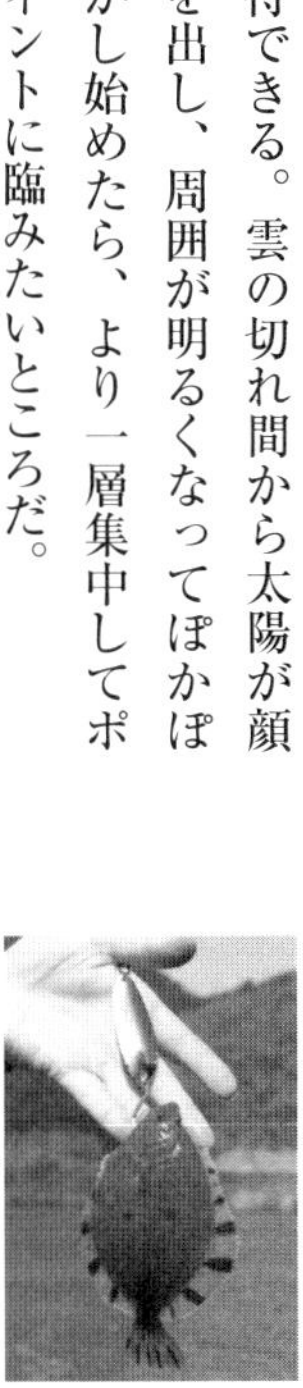

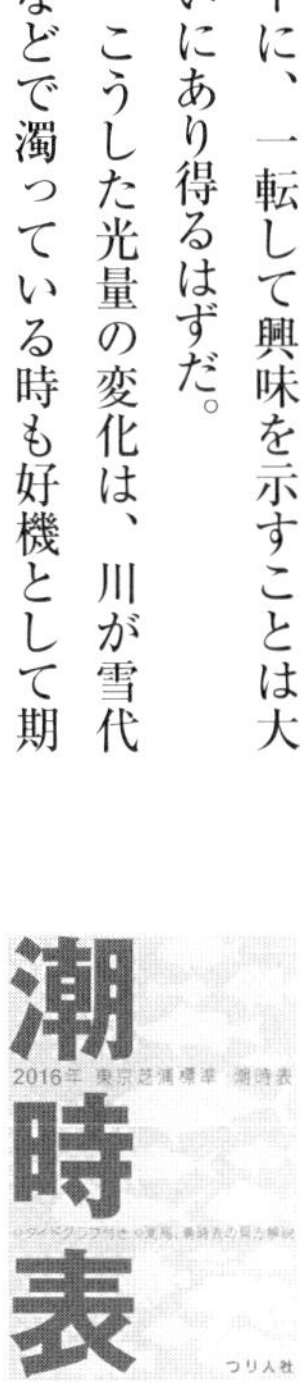

左）汽水域のフィールドではこんな外道も。スプーンにヒットしたヌマガレイ。
右）潮汐の影響を受ける釣り場に出かける際は、あらかじめ潮時表で満潮と干潮の時刻を調べておいたほうが安心。

COLUMN

なぜサクラはルアーを追うのか？

川に入ってしまったらエサを捕食しないはずのサクラマスは、一体なぜルアーを追い、バイトするのだろうか。好奇心からルアーを突つく魚もいれば、テリトリーに侵入したルアーを攻撃する目的で噛み付く魚もいるはずだが、その真偽のほどは魚のみぞ知るところだ。好奇心や攻撃性のどちらがということではなく、そうした活性を高めるファクターがないまぜになって、とにかく捕食スイッチを刺激しているのかもしれないし、あるいは仲間の1尾が追ったから負けじとルアーに飛びついてくる魚もいるかもしれない。いずれにしても想像の域を出ない話題ではあるけれど、そうした生態の謎についてあれこれ思いを巡らすこともサクラマス釣りの楽しさだ。

川に入ったサクラマスがルアーに口を使う理由については、現在はエサを捕食してはいないものの、過去の記憶がそうさせているという考え方もある。海を回遊してきた1年もの間、サクラマスたちはベイトフィッシュやプランクトンを盛んに食べていたわけだから、確かにその捕食行動が身体に染み付いていてもおかしくはないだろう。カタクチイワシやコウナゴなどのベイトフィッシュは、自ら追って噛みつかないと捕食できないわけだし、そうした一連の動きがふとした拍子に魚の脳裏に蘇り、反射的にルアーを追ってしまうというのはあり得る話だ。

エサは食べていないが、エサのことを思い出してルアーを追っているとなれば、回遊時代のベイトフィッシュを模した釣りに反応するはず。そんなアイデアから、かなりスピーディーな釣りを実践しているエキスパートもいるから面白い。小魚が逃げ惑うような動きをジャークやトゥイッチで演出し、魚のリアクションバイトを誘うのだ。

川にいながら、サクラマスは海の記憶を持つ魚。彼らの海の時代の生態を想像すると、新たな攻略の糸口が発見できるのかもしれない。

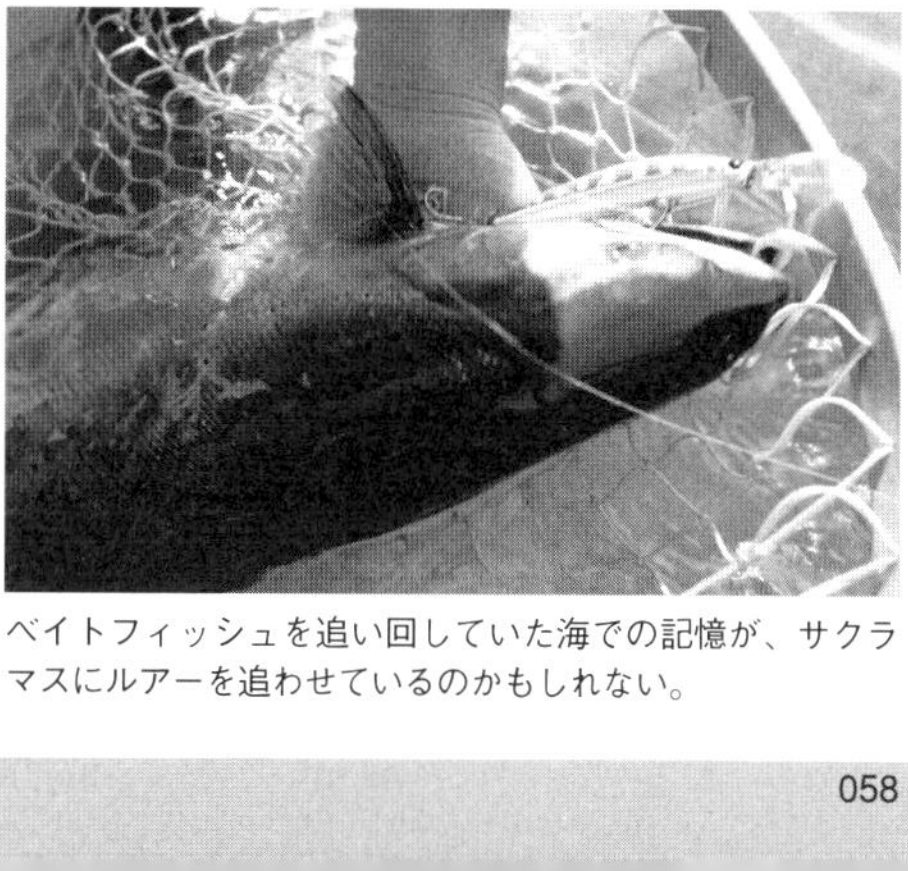

ベイトフィッシュを追い回していた海での記憶が、サクラマスにルアーを追わせているのかもしれない。

D 盛期の中流域、中規模河川の釣り。

気温が上昇し、雪代の流入で川が増水すると、サクラマスのソ上が本格する。フィールド全体に魚が行き渡り、新緑の中流域で釣りが楽しめるようになる季節だ。ここでは早瀬に深瀬に、淵にブッツケとポイントの豊富な中流域、あるいは中規模単独河川や支流でのタクティクスを解説したい。

TACTICS II

1 サクラマスの最盛期と、ポイントの考え方。

雪代明けの最盛期

その年の気候や地域によって多少の差はあるけれど、本州のサクラマス釣りは雪代による増水が落ち着く4月中~下旬、5月上旬あたりから最盛期を迎えるフィールドがほとんどだ。それまで近海で待機していた大きな群れが雪代に刺激されてソ上し、河川全体に魚が入っている時期だから、相手の活性の高まりとこちらの釣行タイミングがうまくハマれば、シーズン初期よりもずっと広範囲で反応が期待できる。好調がどこまで続くかはその年によってまちまちではあるものの、水温が上がり切ってしまうまでは充分にねらえるはずだ。

上流にダムがあることで極端な雪代の影響を受けない河川では、3月下旬辺りからいち早く釣れ始まることも多く、5月を過ぎる頃には一気に渇水してしまい釣りが難しくなるフィールドもある。そうした川それぞれの特徴や、その年の降雪量（雪代の量）、そして気温上昇のスピード（雪代が出るタイミング）にサクラマスのソ上時期は大きく左右されるものなので、ホームリバーの釣況は常に追っておきたいところだ。シーズン初期からマメに釣果情報を集めておけば、きっとその年の最盛期を逃すことなく釣行できる。

中流域のポイント考

近海に待機しているサクラマスのソ上を促す一番の引き金は、何と言っても雪代。しかし、上流にある山々の雪解けが収まって以降も、雨の増水などをきっかけに小規模の群れは遅れてソ上を続ける。そのため、河口に近い下流域はソ上がなくなるまで期待値が安定しているとも言えるのだが、とはいえ最盛期のメインの釣り場になるのは、やはり中流域

山々からの雪解け水がソ上を活性化させる。雪代が落ち着き川全体に魚が行き渡ると、サクラマス釣りの最盛期だ。

下流域に比べると、中流域ではポイントにぐっとメリハリが出るようになるため、魚がストックされている場所がイメージしやすくなる。しかし、そのぶん分かりやすい好ポイントはフィッシングプレッシャーにもまたさらされやすい。スレていない魚、ヤル気のある魚が今どこにいるかを考えて川を歩きたい。

だ。

一般的に河川の中流域は、河口～下流よりも流れの変化が見た目にはっきりすることから、サクラマスの付き場がずっとイメージしやすい。早瀬よりは深瀬、深瀬よりは淵、小さな淵よりは大きな淵といった具合に、流れの「緩さ」と「深さ」を目安に川を観察すれば、多くの魚がストックされていそうなポイントは自ずと絞られるだろう。広大な下流域に比べて中流域ではそうした懐にキャストが届かないことも少ないため、魚に近づいている感覚がより強く得られるようにもなる。

しかし、魚が溜まっていそうな場所が分かりやすいからといって、それが必ずしも釣果に反映されないところがサクラマス釣りの難しさ。そういう懐は誰にとっても好ポイントだからフィッシングプレッシャーが集中するうえ、そもそも中流までソ上し、深みにじっと停滞している魚は食い気が薄く、相手の活性が何かの拍子に高まらない限り簡単には口を使わない。もちろん、多くの魚をストックする懐はねらう価値の大きなポイントなのだが、そこだけをピンポイントで釣っていると効率が悪いことも、あんがい多いのだ。

魚が溜まっていそうなポイントに見当をつけることができたなら、中流域ではもう一歩踏み込んで、その近辺の釣れる魚がいそうなポイントを捜す意識を持ちたい。たとえば、魚が溜まる懐のひとつ上流にある瀬や、フィッシングプレッシャーが分散していそうな長い平瀬、大きなトロ瀬のなかでもソ上を意識した魚が待機していそうな瀬肩のカケアガリなどは、活性の高い魚が付いている可能性が高く、ルアーを投げればあっさり結果が出ることもある。

群れをストックしている深場は、いわば魚の供給源。大場所は釣り人たちの競争も激しいことを考えても、そこだけに固執せず、供給源から動いた活性の高い個体を捜す釣りができると、限りあるシーズンのなかでより効率よくヒットチャンスに巡り会えるようになる。

2 最大の好機と、「釣れる魚」の捜し方。

魚が動く時にチャンスあり

　いったん川に入ってしまうと、エサを捕食することなく秋まで過ごすと言われているサクラマスは、そもそもルアーに対する追い気が薄い魚である。渓流のヤマメやイワナのように、ポイントに投げ入れたルアーを盛んにチェイスしてくれるほどのアグレッシブさはまず期待できないし、とりわけ中流域までソ上すると海で小魚を捕食していた記憶も遠のいてしまうのか、フレッシュランの頃に比べて、ずっとルアーを追わなくなる。ソ上の過程で蓄積するフィッシングプレッシャーも、追い気を減退させる理由のひとつだろう。

　しかし、もちろん好機は充分にある。川に入ったサクラマスは停滞と移動を繰り返しながら、ゆっくり時間をかけて川を遡っていく。つまり、常に大きな懐の底べったりに沈んでいるわけではなく、上流への移動を意識して必ず活性を高めるタイミングがあるということなのだ。そうした魚が動くタイミングこそ、サクラマス釣りにおける最大の好機。このチャンスに当たれば、それまでの沈黙がまるで嘘だったかのように、付き場を離れミノーめがけて突進する魚に出会うことだって期待できる。

釣れる魚を捜す

　サクラマスのソ上モードの高まりに関係するのは、やはり水位の変化。雨や上流ダムからの放水で川が増水すると、それに刺激されて深みでじっとしていた魚が動きだし、さらに上流を目差すと考えられている。重要なのは、魚が動こうと意識し活性が高まることだから、実際には上流に移動していなかったとしても、チャンスは大。魚がもともと溜まって

水が動けば、魚も動く。プレッシャーのリセットも期待できる。

いた淵で、水位変化を引き金にばたばた釣れ始まることもある。

　もちろん、深場を離れて上流に向かって動いたサクラマスも、停滞モードの深場に沈んでいる魚に比べてずっとねらいやすく、居心地のいい隠れ家から移動することを決意した魚だから、それなりの活性が維持されていると想像できる。そうしたルアーを追う可能性のある魚が、いまどこに定位しているのか? を推理することがヒットチャンスを高めるコツであり、そしてまたサクラマス釣りの面白さのひとつでもあると言えるだろう。

　どのくらい水位が変化したかにもよるが、増水した川が平水に戻った時にねらいたいポイントは、ふだん魚が溜まっているだろうポイントの、そのひとつ、あるいはふたつ上流にある瀬や淵。増水に乗じて動いてきた魚がそこに付いていれば、投げ入れたルアーに反応してくれる可能性が高い。または魚をストックしているポイントと、動いた魚が次に止まるだろうポイントの間にある繋ぎのポイントも、要注目だ。それほど水深があるわけでもなく、釣り人的な観点からはあまり魅力的に感じられない平瀬のような場所でも、上流を目差す魚の通り道になっているのは疑いのないところ。水位が変化して魚が動いている状況では、まだ次の足止めポイントまで遡りきっていない個体がウロウロしていることもある。そうした繋ぎの流れで高活性の魚に出会えることも、あんがい珍しくないのだ。

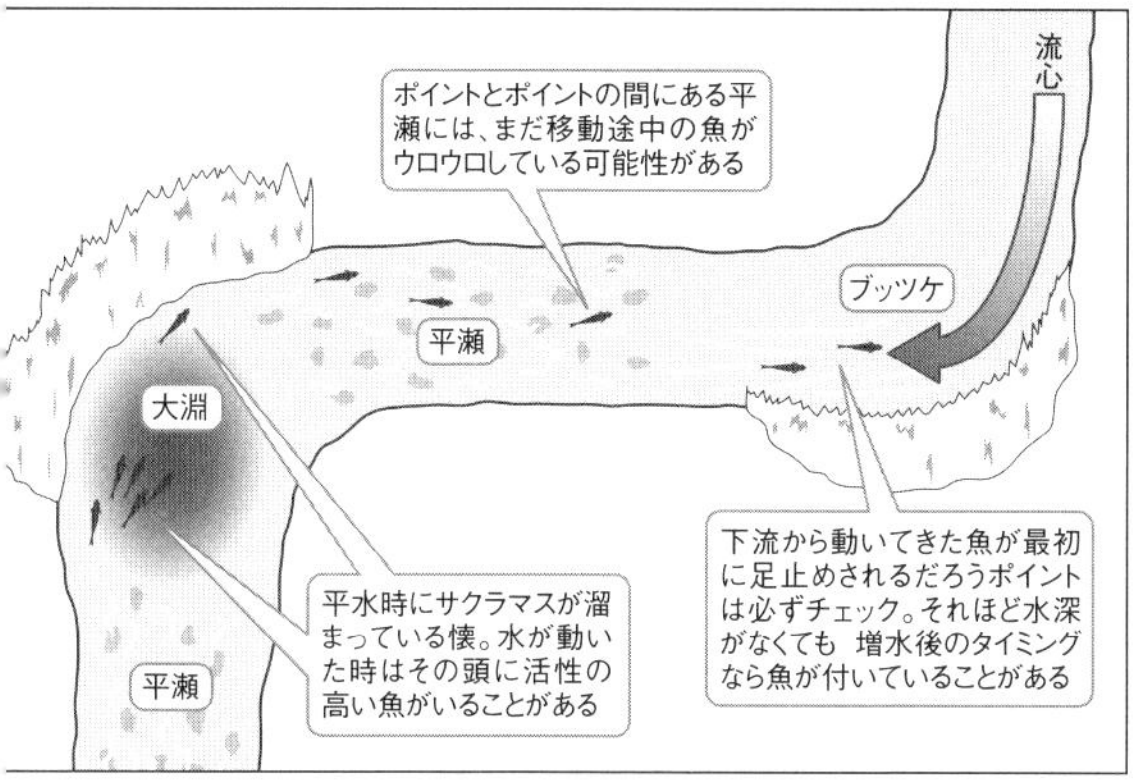

◎水が動いた後に探るべきポイントはどこだ?

平水時に多くの魚をストックしている大きな淵などの懐は、誰もがねらうポイントであるためフィッシングプレッシャーが高く魚たちも沈み気味。しかし、ひとたび川が増水すればここから上流に向けて、活発に動きだす魚がいるはず。ねらうのは、その活性を高めている個体だ。規模の大小にかかわらず、魚をストックしている懐のひとつ上流側にある魚の足止めポイントは必ず探っておきたい場所だが、ストックポイントと次の足止めポイントの中間にある瀬も要注目。それなりに水深があれば、まだ移動途中の魚が残っている可能性がある。粘るポイントではないけれど、頭から尻までひと流ししておきたい。

水位に変動があった時は、ポイントとポイントを繋ぐ平瀬も探ってみる価値がある。サオ抜けしている可能性もあるので、魚さえいれば結果が出るのは早いはずだ。

3 瀬を釣り下る。

瀬の期待値の高さ

　サクラマス釣りにおいて、充分に水深があって、大ぶりの底石がごろごろ沈んでいるような瀬は素晴らしいポイントのひとつだ。全体に流れが急な分、ソ上してきたサクラマスが一度そこでストップする場所でもあるし、その一方では、サクラマスが身を寄せるのにちょうどいい緩流を底に沈む石がそこかしこに生じさせるため、規模の大きな瀬にはたくさんの魚がストックされていると期待できる。

　瀬の形状によるものの、この底石付近に1尾、こちらの底石周りに1尾と魚が全体に散っていることも多く、淵などと違ってフィッシングプレッシャーが一箇所に集中しにくい点も、瀬の魅力だろう。上から下まで釣り下れば、どこかで活性の高い魚に当たる可能性があり、流れが複雑であるため複数の釣り人が続けざまに歩いてもトレースラインがぴったり重なりにくく、先行者の後を追う釣りでもまだサオ抜けしている魚がいることもある。釣り人が多い最盛期の週末などは、瀬を中心に1日の釣りを組み立ててみるのも手だ。

　また、淵などの流れの緩い場所に比べて、水の動きが激しい瀬に入っている魚は比較的、活性が高い可能性があることから、「瀬に入っている魚は釣りやすい」とか、「魚さえいれば瀬は結果が出やすい」などとサクラマス釣りではよく言われる。これには、ふつう瀬の水深は深くても大きな淵ほどではないので、釣り人が投げたルアーのレンジと魚の活性層がオートマティックに合いやすい側面も関係しているようだ。

　仮にルアーを追い、そしてバイトする活性を維持した魚がそこにいるとしたなら、あとは相手のアンテナの範囲内にルアーを送り込めるか?

が釣り人側に残されたクリアすべき問題。ポイントの水深が浅ければ、その中～下層をトレースするだけで定位している魚の視界にルアーが入りやすくなり、高活性の「釣れる魚」を逃しにくいというわけである。

瀬での基本スタイル

白波立っている流れの急なところ、流れが1本に集まり太くなっているところ、そして徐々に流れが開いて緩やかに、そして浅くなっていくところといった具合に、ひとつの瀬にもさまざまな表情がある。瀬を釣る時は、そうした全体を上から下に釣り下るスタイルが基本だ。その日その状況で活性の高いサクラマスが付く位置は異なるため、どこか一箇所に的を絞って釣るよりも、頭から尻まで瀬のひととおりを流したほうがきっと魚に出会う確率は高まる。

流れの急なポイントなので、ルアーは水馴染みのいいミノープラグがメイン。水深のある瀬では、中～下層に届く潜行能力と引き抵抗の軽さがほどよくバランスされたミディアムディープダイバーが扱いやすい。クロスストリーム～ダウンクロスのアプローチで、流れの押しを利用しながら扇状にミノーをトレースし、ピックアップしたら数歩下流に下って、またキャスト。そうして瀬の全体を広く、テンポよく探るイメージだ。流心がはっきりしている瀬では、なるべく流心を横切らせるような釣りを心がけるといいだろう。

◎早瀬のなかのサクラマスの付き場

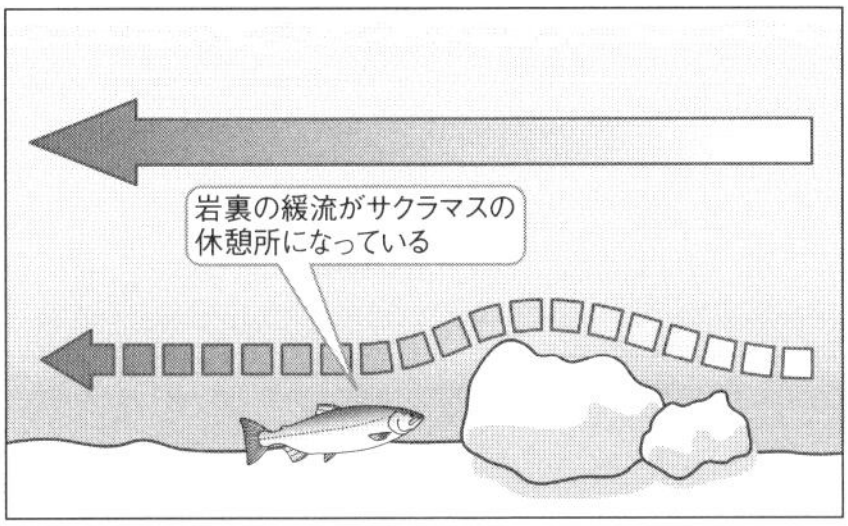
岩裏の緩流がサクラマスの
休憩所になっている

流れの急な瀬のなかで、サクラマスが身を寄せているのは岩裏の緩流帯。底石がゴロゴロと大ぶりで、こうした緩流スポットがたくさんある瀬には、サクラマスも複数尾が入っている可能性がある。仮に魚が移動したとしても（あるいは釣られても）、いい付き場には下流からソ上してきた魚がまた付きやすいため、釣行の度にまたチャンスがある。

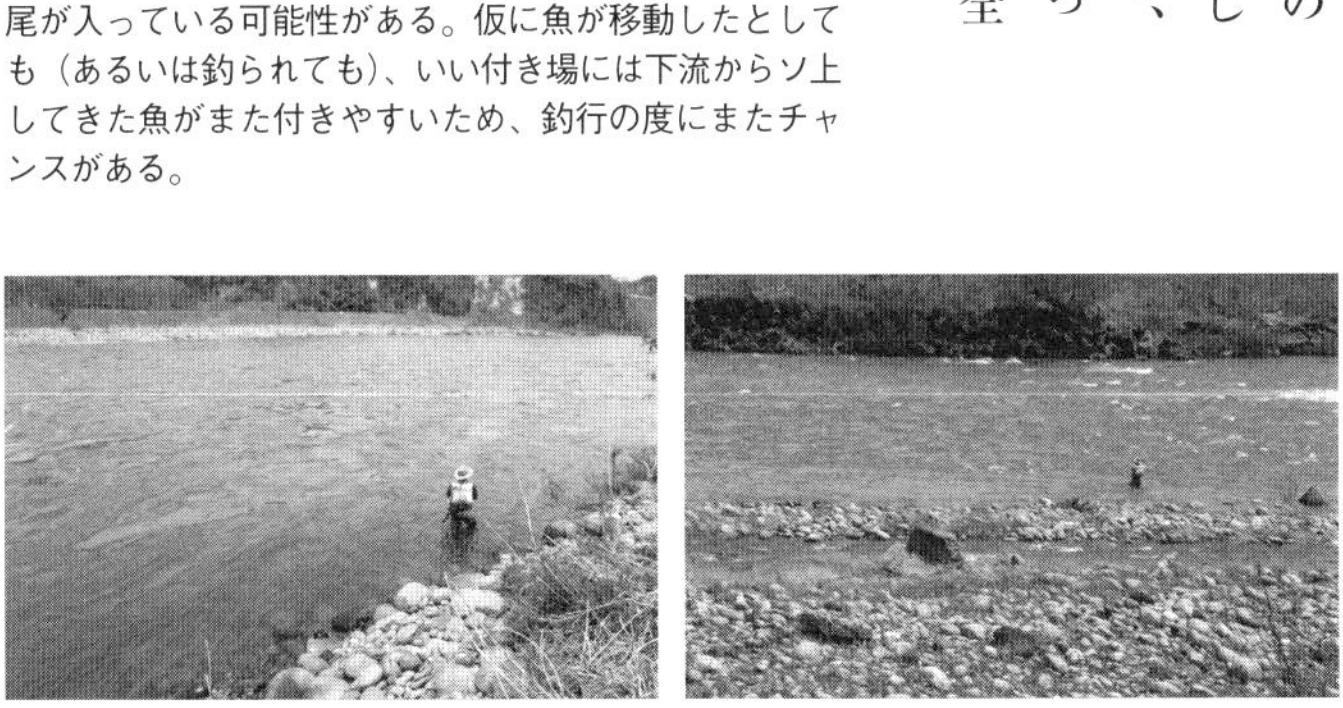

右）白波立つガンガンの早瀬のなかにも、底石にそれなりの大きさがあればサクラマスが身体を休めることができる緩流のスポットが点在していると考えられる。底石の大きさは、河原に転がる石から想像できる。左）水深があり、より流れの緩やかな深瀬はサクラマスの好ポイント。たくさんの魚のストックが期待できる。上流からテンポよく釣り下ってみたい。

4 瀬には、表層のミノーを食い上げる魚がいる。

表層を意識する魚の存在

ルアーを追う魚の姿を目撃する機会が少ないことや、ソ上魚である性質上、いつでも深場に溜まっているのだろうという先入観から、特に入門者の方はサクラマスをねらうにあたって「できるだけルアーは沈めたほうがいい」と感じることがあるかもしれない。実際にほとんどの魚は中〜下層に定位しているわけだし、そういうイメージを描いても致し方のないところだろう。

しかし、その真逆の表層の釣りでも、サクラマスはヒットが期待できるターゲットだ。とりわけ気温・水温ともに上昇し、魚がミノーイングの速い釣りに反応するようになる季節には、ショートリップタイプのフローティングミノーやスローシンキングミノーを使った、瀬での表層の釣りの可能性も常に頭に入れておきたいところである。

瀬で表層をトレースしているミノーにヒットするサクラマスは、もともとそのレンジに浮いていたというわけではなく、中〜底層に定位していながらも、頭上のミノーにバイトしてくる個体が多いようだ。時期にもよるとはいえ「サクラマスは表層を強く意識していることがある」と語るベテランは結構いて、なかにはショートリップタイプのフローティングミノーをメインに1日の釣りを組み立てる釣り人もいるほど。表層を意識している魚の頭上・前方にミノーをとおし、一気に食い上げさせるイメージである。

ひょっとするとこの釣りでヒットする魚は、実際に定位している層を直撃する釣りでもヒットするのかもしれない。しかし、魚が意識している層をねらうことで相手の捕食スイッチが刺激できるのもまた事実なのだ。クリアな水質のフィールドであれば、興奮もののバイトが目撃できるところも大きな魅力。中流域の瀬を釣り歩く際には、ぜひ表層の釣りも選択肢に入れてみてほしい。

手返しアップにも繋がる

レンジを下げることなく表層あるいは中層の釣りに徹すると、手返しが向上するというメリットもある。スプーンやバイブレーションを縦に送り込んだり、ディープダイバーをじっくりターンさせることがなければ、手返しが速まるのは必然。より多くのキャストを重ねることができれば、1日のうちに撃てるポイントの数が増え、つまりミノーを襲う活性を維持したサクラマスと出会う確率もまた高まることになる。

魚が充分に川にソ上し、各スポットに分散しているような状況では、より長い距離を歩いたほうが結果は出やすい。盛期の瀬を広く釣り下る時などは、手返しの観点から釣りを再点検してみるのも悪くないはずだ。

フローティングミノーにヒットしたサクラマス。表層を意識していることも、けっこう多いのだ。

瀬の表層を手返しよく釣る時は、水馴染みのいいショートリップのバルサミノーも使いやすい。110～130㎜と大ぶりのものを選べば飛距離の面でストレスを感じることもない。

◎表層のミノーイングでバイトを誘う

サクラマスは表層を強く意識していることがある。頭上を通過するミノーにリアクションバイトさせるイメージだ
ミノーは引き抵抗の軽いものが使いやすい。連続トゥイッチでキラキラと光を反射させて存在をアピールする

もともとは底石の緩流帯に潜んでいた思われる魚が、突如として表層のミノーに襲いかかることがある。定位しているレンジは低くても、頭上を強く意識している魚がいるのだ。引き抵抗の軽い水馴染みのいいフローティングミノーを使い、トゥイッチできらめかせながら瀬の表層を手返しよく探ってみたい。バイトやチェイスが確認しやすい釣りでもあるので、ヒットしなかった時はポイントを尻まで釣りきった後で、あらためて瀬の頭から釣り下ってみるのも一手。その場で粘ってみるのも悪くないが、あえて時間を空けることでまたフレッシュな反応が得られることもあるのだ。

5 シンキングミノーの縦の釣り。

ミノーを底に送り込む

川の流れが集まって1本の筋となり、そしてまた開いていくようなポイントでは、そのガンガンの流心直下にサクラマスが潜んでいることが、けっこうある。本来はより流れが緩く定位しやすいヒラキのほうに付いていそうなものだが、川幅の狭まる中流域では釣り人たちからのダイレクトなプレッシャーにさらされるから、より手出ししにくい流心直下に身を隠している魚がいるのだろう。

こうした急流の下層を釣る時に重宝するのが、シンキングタイプのミノープラグだ。レンジ的には重めのスプーンでもカバーできるのだが、ねらいたいスポットに到達したところでラインテンションをかけると瞬く間に流れに押されて浮き上がってしまうので、どうしても釣りにくい。かといってディープダイバーだと、特にねらう流心が対岸側にある時には、潜らせたところですでにポイントを過ぎてしまっていることも多く、こちらもやはり効率が悪い。レンジを下げる意味でも、そしてまたそのねらったレンジのキープしやすさの面でも、沈下性能に優れるうえ急流の中でも浮きがありにくい、全長8～9cmで10g超のウエイトを持つシンキングミノーが使いやすいのだ。

縦にボトムを釣る方法

シンキングミノーなら、着水したところでベールを返さずにそのままラインを送り込めば、早い流れのなかでも確実にルアーをボトム付近へ落とし込める。レンジの上げ下げは、ラインを送り込む量と時間、それとまたアップクロス・クロス・ダウンクロスの着水点で調整。ねらうレンジまでミノーが到達したところでラインテンションを張り、ゆっくりとリトリーブして誘うイメージだ。大きなロッドワークでミノーが浮きが上がってしまわない程度に、軽くトゥイッチを入れても、もちろんいい。スプーンやディープダイバーではそう簡単に到達できないスポットで、魚の近くでじっくりルアーをアピールしてみよう。とはいえ、あまりタイトに底をねらいすぎると根掛かりするリスクが高まってしまうので、ほどほどに抑えることも大切だ。

　ラインについては、太いナイロンのラインシステムだと流れにラインが引っ張られてミノーが沈みにくくなるので、やはり細くて水切れのいい PEラインを使ったシステムがベターだ。PEラインの伸びのなさはボトムレンジのミノーを操作するうえでも、そしてまたボトムタッチを感知するうえでも大きなアドバンテージ。底層をタイトに探る釣りではPEラインのほうが圧倒的に有利なのだ。

ヘビーシンキングタイプのミノーを縦に落とし込む釣りに習熟すると、攻略できる流れ・レンジが格段に広がる。いまミノーがどの辺りのレンジにあるのかを常に意識しながら操作することを心がけたい。

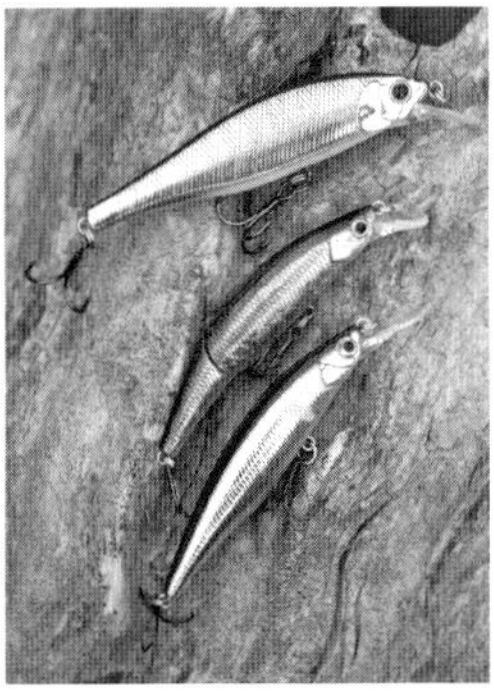

◎対岸の流心直下をシンキングミノーで探る

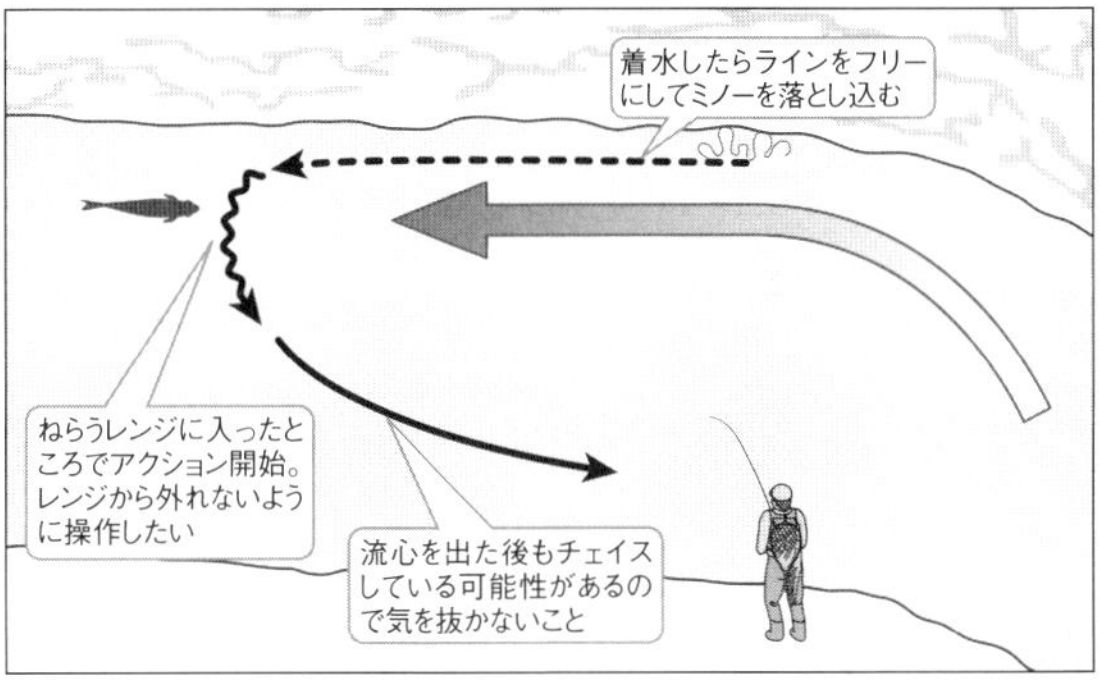
着水したらラインをフリーにしてミノーを落とし込む
ねらうレンジに入ったところでアクション開始。レンジから外れないように操作したい
流心を出た後もチェイスしている可能性があるので気を抜かないこと

ディープダイバーでは潜行させるための助走距離が確保できないし、スプーンでは沈めてもすぐに浮き上がってしまうような対岸際の流心を探るにはシンキングミノーが打ってつけ。ねらうスポットの上流側に着水させたらラインをフリーにして下層へ送り込み、充分にレンジが下がったところでベールを返してテンションを張りミノーをアクション。レンジから外れないようにミノーは柔らかいタッチで動かしたいところだが、落とし込んだところでギラリと強めにヒラを打たせてみるのも効果的だ。

対岸の岩盤を舐めるように流心が走っているようなポイントで、ミノーを沈める縦の釣りは効果を発揮する。流心の直下に定位するサクラマスを鼻先で誘うのだ。

シンキングミノーを使ってレンジを下げる釣りには、水切れのいいPEラインがぴったり。より素早くねらったレンジに到達できる。

COLUMN

「疲れない」ことも重要だ

本流釣りを始めたばかりの渓流アングラーにとって、川の規模や、魚の付き場、反応の少なさなど、サクラマス釣りには勝手の違いに戸惑うところがたくさんあると思う。そのうちのひとつに、ディープダイバーの引き抵抗の強さも含まれるのではないだろうか？ 定番ルアーということで買いそろえてみたはいいけれど、瀬に投げ込めばそのトルクはかなりの重量級。それ相応のロッドでなければロッドが胴から曲がってしまい、戸惑うばかりでまともに扱えないこともあるはずだ。

ストレートリトリーブでも相当の負荷がかかるのに、トゥイッチを絡めた誘いを行なうとなれば、釣り人にかかる負荷はさらに何倍にもなるわけで、身体的なストレスは無視できないレベルになる。ディープダイバーは確かに釣れるルアーではあるけれど、1日使い続けた時の疲労度がちょっと……。そう感じている入門者は、けっこういるに違いない。

釣りの「疲れ」は、単純に釣りの手数が減ることに繋がるから決して無視できない要素だ。それに、やはり快適に釣りをしたほうが誰だって楽しいものである。そこで、その釣りに疲労を感じるような時は、「無理をしない」こともじつは大切。サクラマス釣りはなかなか結果の出ない釣りだから、無理を溜め込んでいると、きっとどこかで集中の糸がプツリと切れてしまう。どんなに頑張っているつもりでも、釣りがおろそかになり魚と出会うチャンスが減るようでは元も子もないのだ。

ディープダイバーにストレスを感じるようなら、ショートリップを選べばいいし、もう少しレンジを下げたい時はミディアムディープの選択も当然アリだろう。疲れない釣りを続けたほうが確実に手数は増える。ねらうレンジではなかったとしても、結果的に高活性のサクラマスと遭遇する確率が高まることもあるのだ。

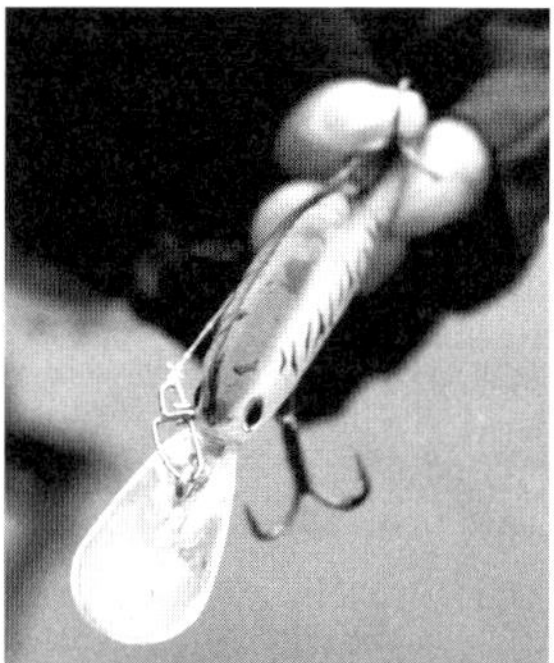

ディープダイバーは実釣力の高いルアーだが、釣り人にかかる身体的な負荷も大きい。アクションさせる釣りに疲れた時は、ゆっくりタダ引きする釣りに変えてみるのもいい。それでも充分に魚を誘ってくれるルアーだ。

E ファイトのベーシックを学ぶ。

BIG FIGHT

数が釣れない魚だから、ヒットしたサクラマスは必ずネットに導きたい。けれど、釣れないからこそファイトの技術はなかなか身に付きにくいのも現実。千載一遇の出会いに冷静に対処するためには、事前のイメトレが大切だ。サクラマスをランディングするための基礎知識をまとめてみた。

1 最後に必ずダッシュがある。

身構えておけば、かわせる

魚を掛けるためのテクニックやタックルの基礎知識は、もちろん大切。しかしサクラマスのような大きな魚を相手とする場合、ヒットした後のやり取りについての心の準備も不可欠だ。シーズン中に1～2回の貴重なチャンスを焦って逃してしまうことのないように、この章でしっかりイメージトレーニングをしておこう。

まずは、フックアップした後の反応について。激しく首を振ったり、あるいはジャンプを披露したりと、ファイト中のサクラマスはその個体によってさまざまな反応を見せるものだけれど、共通しているアクションがダッシュだ。走りの勢い、距離、その頻度はケース・バイ・ケースであるとはいえ、大抵のサクラマスは沖や下流に向かって逃走を試みると言ってよく、特に手前数mに寄せた時にダッシュしやすい。

それまで大した抵抗を見せていなかった魚でも、そろそろ魚体が見えるか見えないかといった間合いに入った途端、力を振り絞って最後の反撃に転じる。きっと、岸が近づいたことで改めて危機を察知するのだろう。あるいは、間合いが狭まると釣り人側の意図にかかわらず上方に浮き上げようとする力が強まるから、それを嫌っているのかもしれない。いずれにせよそのダッシュを上手にかわせなければ、魚を最終的にランディングすることは叶わない。

大切なのは、手前に寄せてきたところで大抵の魚はダッシュするものと考え、「そろそろ走る頃だ」と冷静に身構えておくことだ。それまでのファイトの途中でドラッグ設定をキツく感じているようなら、素早くダッシュに備えて緩めてもいい。特にPEラインを使っている場合は、強引にダッシュを止めようとすると必要以上に魚が暴れるだけでなく、魚が走った瞬間にフックが伸びたり、あるいは口切れでバレてしまうこともあるのでドラッグ設定が重要だ。

個体差や釣り場の状況にもよるとはいえ、ふつうダッシュは2度、3度と繰り返され、その勢いが衰えてから最終的なランディングのタイミングが判断できる。すくえそうだと感じたら、相手の反応をうかがいながらではあるものの躊躇なく魚を寄せる決断も時には必要になる。

抵抗しなくても油断は禁物

抵抗しないからといってヒットした魚を手前に早く寄せすぎると、その後のやり取りで困った事態になりやすいので注意が必要だ。簡単に寄って来た魚はほとんど体力を消耗しておらず、ひとたび反撃に転じた時の暴れ方がより激しくなる傾向がある。相手が大人しいからといって安易に寄せすぎず、ドラッグ、ロッドのベンド、さらにナイロンラインならその伸びを充分に活かせる間合いで勝負することを心がけたい。寄せ切ったタイミングで魚に力任せにダッシュされてしまうと、どんなにしなやかなロッドを使っていたとしても魚をいなすのは難しくなる。

大ものほどなかなか浮いてこないはずだから、誰だって早く姿を目で見て確認したい誘惑にかられるものだ。しかし、相手が元気なうちに強引に浮かせようとする行為もまた、激しい抵抗を招く要因になる。早く寄せすぎるのと同様、底にへばりついている魚を強引に持ち上げるのもまたリスクが大きい。焦らず、じっくり相手の出方を伺いつつファイトしたい。

手前に寄せたとしても、ネットを構えるのはまだ早い。サクラマスの最後の抵抗をしっかりいなした後で、落ち着いてネットに導こう。

2 ランディングの技術。

ランディングに潜むリスク

念願の1尾がヒットしたら、ファイトを楽しむ余裕もなく「とにかく1秒でも早くネットにすくってしまいたい！」と思うはず。しかし、早くネットインして安心したい気持ちが先行するあまり、最後のツメが甘くなるようでは元も子もない。ネットインの瞬間こそ、フックアップからランディングに至る過程のなかで、もっともフックアウトの危険が高まるタイミングだ。

ネットインの瞬間に魚がバレやすくなる理由は、大きくわけて2つある。1つは、ネット内に滑り込ませる時に、ネットフレームが魚の身体に当たりやすいこと。そして、どんなに気をつけてもルアーのフックがネットのどこかに掛かってしまうことだ。いずれもサクラマスを暴れさせる可能性があり、ここにきて激しく抵抗されると、セカンドチャンスの有無は完全に運しだい。よほどハリ掛かりがよくない限り、ほとんどのケースでフックアウトを覚悟しなければならないだろう。

ネットインのイメージ

魚をフレームに当てることなくネットにすっぽり入れてしまえば、ネットインで暴れられるリスクはずっと小さくなる。しかし、実際には60cmを超える大型の鱒をフレームにまったく当てずにすくうことは、ほとんど不可能に近い。大きなランディングネットでも難しいのだが、内径50cmに満たないミニマムサイズを使用しているとなると、その難易度はさらに高まる。

だから、注目すべきはどのタイミングでフレームに当たるのか？ということだ。いずれは当たるとしても、すでに魚の上半身がネット深くに収まっているのであれば、相手が暴れたところで逃亡される恐れはない。ランディングの際は、フレームにで

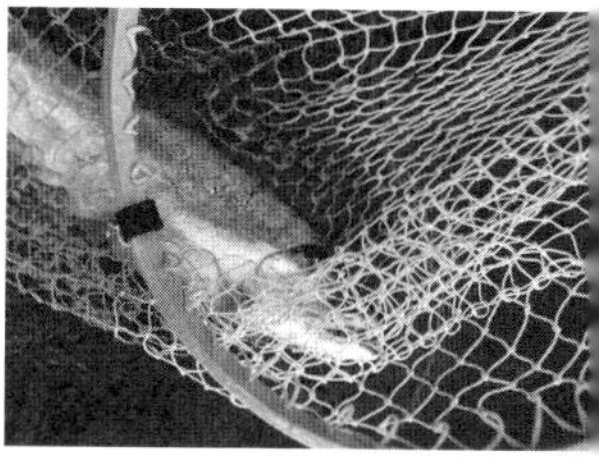

なるべく奥に魚を誘導したところでネットを持ち上げる。そうすれば遊びフックが縁にかかることもない。

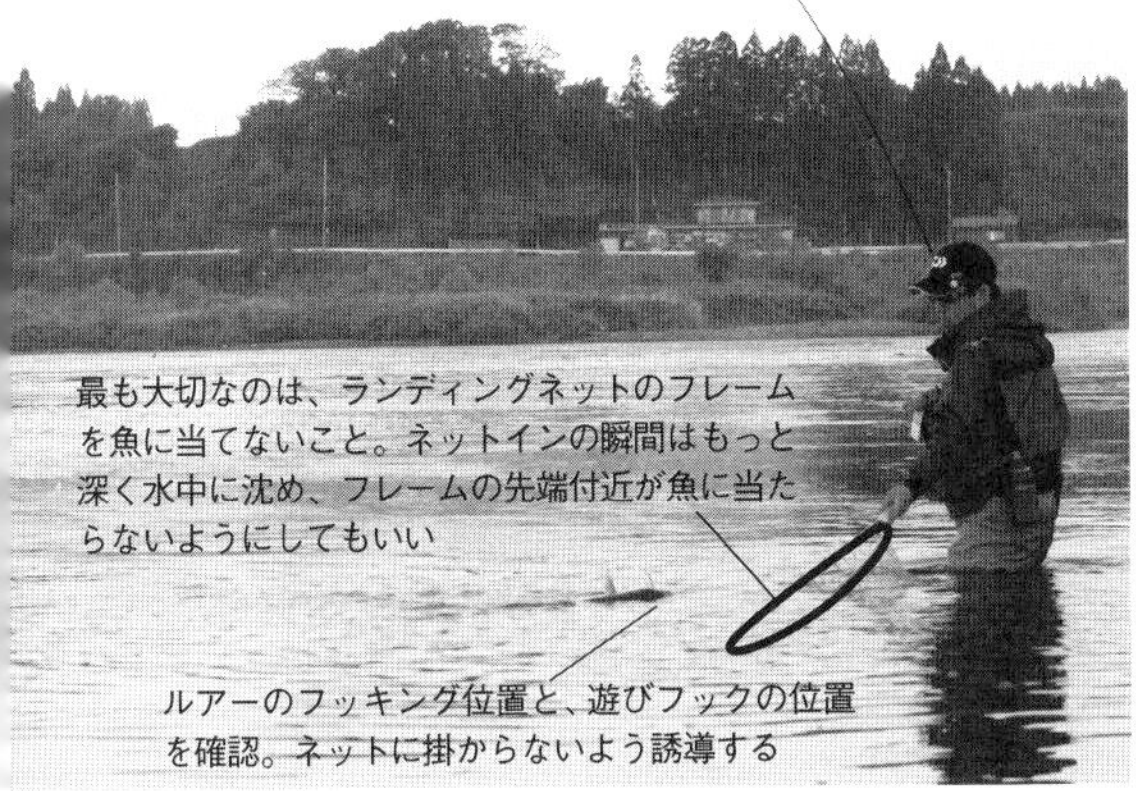

最も大切なのは、ランディングネットのフレームを魚に当てないこと。ネットインの瞬間はもっと深く水中に沈め、フレームの先端付近が魚に当たらないようにしてもいい

ルアーのフッキング位置と、遊びフックの位置を確認。ネットに掛からないよう誘導する

◎その1尾を手にするために。ネットインの際に注目すべき要素

ここまで魚を寄せ、そして浮かせることができたら、ゴールはもうすぐそこ。しかしここで慌てることのないように、細心の注意を払って魚をネットに滑り込ませたい。まず注意すべきは、ラインディングネットのフレームに魚を当てないようにすることだ。頭が入っからといって安心してネットを持ち上げると、魚の横っ腹にフレーム先端が当たり大暴れされることもあるので、しっかり奥まで誘導してからネットを持ち上げてフィニッシュしよう。また、ルアーの遊びフックがネットの縁に掛からないように注意を払うことも必要だ。それとネットの存在に気づいた瞬間に暴れる魚もいるので、こちらからネットで追いかけ回すようなランディングはなるべく控えたいところ。構えたネットに、魚を滑り込ませるイメージだ。

きる限り当たらないように、魚をネット内に誘導。状況しだいではあるが、尻から入れようとするとフレームに当たった際に魚が外に飛び出しやすくなるので、頭からのネットインが基本だ。ランディングネットの存在自体が魚を驚かせる場合もあるため、頭から魚をネットインする際はこちらから追いかけるのではなく、構えたところに相手を静かに滑り込ませるイメージを持ちたい。

遊びフックを引っ掛けない

ルアーのフックについても、シングルフック1本で釣りをしていない限りネットに絡まることは避けられない。なので、ネットのどの部分に掛かるのか？がこちらも重要になる。絶対に避けなければいけないのは、フレームの縁周辺に遊びフックが引っ掛かる事態だ。ここで激しくドタバタされると、せっかくネット内側に入っていた魚がフックアウトして外に転がり出してしまうことも。半分すくっていただけに、逃した際の精神的ダメージは大きい。

フレームに当てないようにすることと、遊びフックをネットに引っ掛けないようにすることは、操作としては同じ。どちらにも当たることのないように注意しつつ、できる限りネットの奥に誘導することを心がける。ランディングに臨むにあたっては、あらかじめネットをきれいに広げて、流れのなかで整えておく手間も忘れてはいけない。

フックさえしっかり掛かっていれば、大抵の魚はランディングできるもの。慌てず落ちついて対処しよう。

3 ビッグファイトの経験値を高める。

経験値が上がりにくい魚

どのくらい相手がパワーを消費したところで寄せ始めるべきか。ダッシュする直前の魚のようすは、どんなものか。ネットインの際に、どこまで強引になっていいものなのか？

そうしたやり取りの「感覚」は、経験を重ねるうちに自然と身に付いていくものだから、イメージトレーニングだけではどうしたって補えない。大ものと慌てることなくやり取りするためには、とにかく尾数を重ねる必要があるのだ。これはどんな釣りでも同じことが言えるので、釣果を重ねるほどファイト中に冷静さを保つことができるようになる感覚は、ほとんどのアングラーに身に覚えがあるのではないだろうか。

さて、サクラマスとのやり取りの難しさは、まさにこの点に尽きると言える。なにせ、サクラマスは釣れない。地元にサクラ河川を持つアングラーでも、フィールドによってはシーズン中に1尾、2尾も釣れたら大満足というターゲットだ。

釣行回数の限られる遠征組にとってはさらに出会う機会は少なくなるわけで、つまり渓流釣りのように1シーズンのうちにたくさんの魚を手にして、効率よくファイトの経験値を高めることができない。何年も熱心に川に通っているにもかかわらず、ファイトに関してはいつまでも心からの自信が持てないという、そんなチグハグな状況を生んでしまいやすい釣りなのである。

ヒット率の高い大鱒を追う

そこで提案したいのが、積極的にさまざまな大鱒釣りに挑戦することだ。たとえば北海道のカラフトマス釣りなら、たった一度の遠征で両手で数えられないほどの魚とやり取りすることだって不可能ではない。ニジマスやブラウンをにしても、モンスターサイズでなければサクラマスよりも高い確率でヒットが期待できる。50～60㎝前後の鱒がラインの先で抵抗し、全力で走った時のパワーを感じる経験は必ずサクラマス釣りにも活かされるものだ。さまざまな大鱒釣りを経験することで、やり取りの上達スピードはぐんと早まるのである。

春はサクラマス釣り、それ以降はヤマメ・イワナねらいの渓流釣りというルーティンでトラウトシーズンを楽しんでいると、どうしても50～60㎝オーバーの魚と対峙する経験を積むのに長い年数が掛かってしまう。サクラマスとのやり取りに不安があるという方は、積極的に日本各地の大鱒釣りに挑戦してみてはいかがだろうか。尾数を重ねるうちに、きっと大ものとのファイトに自信が持てるようになるはずだ。

サクラマス釣りだけをやっていると、なかなかビッグファイトの経験値が高まらない。カラフトマスやレインボーなど、さまざまな大鱒釣りを楽しむことでサクラマスとのファイトにも余裕を持って臨むことができるようになる。

北海道のカラフトマスは、タイミングさえ合えば50オーバーサイズを数釣りできるターゲット。1回の遠征でもたくさんの貴重な経験を得ることができるはずだ。

本州でもねらえる本流の大鱒といえば、なんと言ってもレインボー。サクラマスを凌駕するエナジーを内に秘めている魚なので、ファイトの経験値を高めるには最適のターゲットと言える。

4 PEライン使用時のファイト心得。

伸びのなさが不利に働く

　本流釣りをこれから始めようとするアングラーのなかには、「PEライン」そのものの扱いに慣れていない人も少なくないはずだ。実際にロッドにとおしてルアーを投げてみると、ナイロンとはずいぶんそのフィーリングが異なるので、キャストしかり、ロッドワークしかり、これまでの自分の釣りをちょっとずつPE用にアジャストさせる必要が出てくる。

　PEラインでのサクラマスとのファイトに関してまず頭に入れておくべきことは、なんといってもその「伸びのなさ」。感度の面でも、あるいは沖でヒットした場合であればフッキングパワーの伝達の意味でも、ラインの伸びのなさは大きなアドバンテージを与えてくれるものである。しかしその一方で、いざファイトの段になると一転して不利に働く。千載一遇のチャンスをフイにしないために、自分がいま伸びのないラインを使っていることを念頭においたやり取りが不可欠なのだ。

ロッドの「力」でファイト

　ファイト中、なぜPEラインは釣り人にとって不利に働くのだろうか？　ひとつには伸びのなさがサクラマスに違和感を与えやすいことが挙げられる。伸びがないぶんラインテンションがそのままダイレクトに魚の口に伝わってしまい、プレッシャーを嫌がったサクラマスが余計に暴れやすくなるのだ。

　一直線にダッシュするタイプの抵抗はフッキングの深まりが期待できるし、基本的に対応しやすいものだけれど、激しく身をよじらせるタイ

ダイレクトな操作感や水切れの良さなど、さまざまな面でトラウトフィッシングを進化させているPEライン。しかしファイトの際は、その特徴をきちんと理解したうえで魚とやり取りする必要がある。

プの抵抗が続けば、ただいたずらにフックアウトの確率が高まるだけ。ラインに伸びがなければ、引っ張られていたラインがもとに戻るまでのナイロンのような「適度なテンション」も得られないので、逆にテンションフリーにもなりやすく、かといってテンションの弛みを嫌ってぐいぐい引っ張ると、今度は魚がさらに暴れるという悪循環に陥りやすい。

こうした伸びのなさにまつわるPEラインのデメリットを緩和するために、ショックリーダーをナイロンにしたり、あるいはショックリーダーとメインラインの間に伸びを重視したクッションリーダーを挟んだりとラインシステム的な工夫も試す価値のあるアイデアだが、さらに大事なのはこちらの操作がダイレクトに相手に伝わっている状況を理解し、魚を刺激しないやり取りを心がけることだ。フックアップするか否かについては運に左右される面が大きいけれど、ハリが掛かってしまえばあとは釣り人のウデしだい。もちろんどうしたって取れないバイトもあるとはいえ、やり取りの仕方でキャッチ率は確実に高められる。

魚が掛かったら、無闇にリーリングやポンピングで魚を寄せようとせず、とにかくロッドのベンドカーブ（ラインテンション）をキープすることに集中。ロッドのテーパーによって強弱があるとはいえ、ベンドしているブランクには必ず復元しようとする力が働いている。そのパワーで自然に魚を寄せることを意識できるといいだろう。ラインが伸びないぶんロッドの曲がりで相手の抵抗をいなし、落ち着いたところで少しずつ寄せに掛かるイメージを持ちたい。必要以上に暴れさせなければ、たとえ浅掛かりだったとしてもきっとチャンスはあるはずだ。

PEラインを使っている時は、強引なファイトは禁物。必要以上に刺激しないように、ロッドのベンドカーブを利用して魚の抵抗いなす。元に戻ろうとするロッド本来のリフティングパワーを利用して、じっくり寄せることを心がけよう。やはりベンドのスムーズなロッドがPEには相性がいいので、道具立ての段階からPE対策を講じておけば実際に魚が掛かった時に相手をスムーズに寄せることができる。

COLUMN

PEラインと食い込みの関係

ファイト時に魚の暴れを誘発しやすくするPEラインの伸びのなさは、じつはその前段階ですでにサクラマスに違和感を与えていると考えるエキスパートもいる。ナイロンラインのような伸びるラインであれば、バイトしたサクラマスはそのままルアーをくわえて反転することが期待できるのだが、伸びのないPEラインだと強いテンションがルアーに掛かっているため、コンタクトした瞬間にサクラマスがルアーを離しやすくなるというのだ。

「PEラインを使うとサクラマスがバレやすくなる」と語るアングラーはけっこう多いが、ひょっとするとファイト中の暴れやすさだけでなく、そうしたバイトの浅さもバレやすさには大きく関係しているのかもしれない。触ってすぐにルアーを離してしまっては、がっぷりくわえて反転するような深いバイトは期待できないし、幸運にハリ先が魚の口に当たったとしても、どうしたって深くは刺さらない。ハリ先がちょこんと乗っている状態でヘッドシェイクされたら……。ものの数秒でフックアウトしてしまう光景がたやすく想像できるはずだ。

伸びがないからこそ、浅いバイトもガツンと深くフッキングできるという考え方もあるし、実際のところ遠投した先でヒットした魚をフックアップさせる際には、PEラインに大きなアドバンテージを感じる場面は少なくない。しかし、本来であれば深くバイトしていたかもしれない魚が、ルアーをすぐに離してしまう状況が水中で起こっているとすれば、何かしらの対策は講じておいたほうが安心できる。

ひとつは、ティップの軟らかなロッドを使うということ。バイトの瞬間にサオ先が入ってくれれば、それだけで魚に与える違和感はずいぶん軽減できるはずだ。それと、ナイロンリーダーを長めに使ってみるのもいいだろう。それでもあまりにびバラシが頻発するという時は、ナイロンラインを使ってみるのも、もちろんいい。魚がバレるのには必ず理由がある。曖昧なままにせず、原因を想像するときっと解決策があるはずだ。

PEラインの釣りで頻繁にバレるという時は、PE専用にデザインされたロッドを使ってみるのも解決の一つの手。現場でのフィーリングがずいぶん変わる。

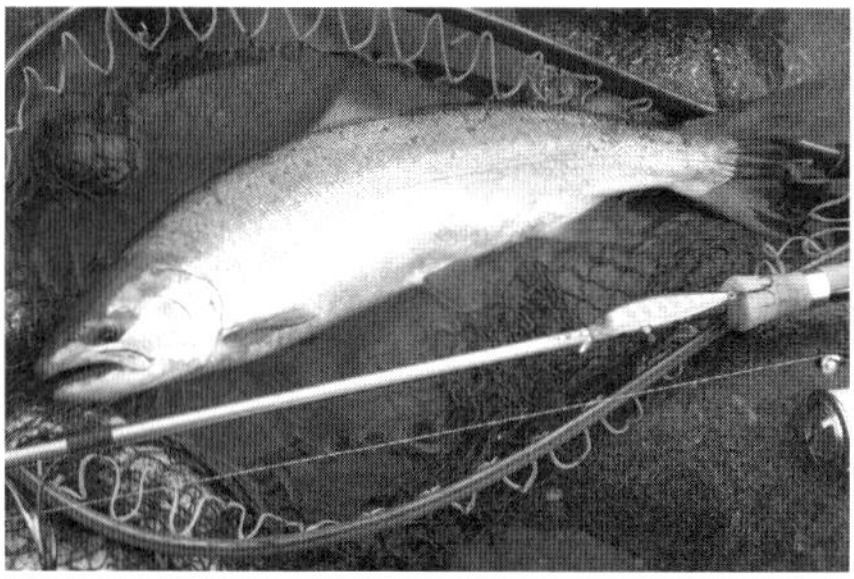

F
サクラマス釣り上達のヒント。

なかなか結果が出ずに悩んでいる時、
バラしてばかりで釣りに迷いが生じている時、
振り返っておくべきテクニックが
サクラマス釣りにはいくつかある。
ミノーをU字にターンさせる釣りが
効果的なのはなぜか？　ビギナーズラックが
バレないのはどういう理由があるのか？
ビギナーの壁を超えるためのヒントを紹介しよう。

TECHNIQUE

1 なぜ、U字が釣れるのか?

水圧でターンさせる

湖のような止水では、基本的に投げたミノーは真っ直ぐにしか返ってこない。しかし、川には流れがあるから、クロスにミノーを投げいれてリーリングすれば、釣り方や状況によって弧の深さやカタチに多少の違いは出るものの、水圧とラインテンションの関係で、必ずそのトレースラインは下流に向かって「U字」の軌道を描くことになる。サクラマスのような本流釣りでは、じつはこの軌道そのものが、大事な誘いのひとつ。U字を描いている水中のミノーのようすが具体的にイメージできれば、より効果的にサクラマスからバイトを引き出せるようになる。

U字の釣りで注目したいのは、「その時、ミノーの顔がどこを向いているのか?」ということだ。流れに対してクロスに投げ入れ、イトフケを取った時のミノーは最初、釣り人が立つ岸に顔を向けている。さらにリーリングを続けると、流れに押されて下流に引っ張られつつ、しだいに手前により始めるが、この時もまだ角度の変化はあってもミノーの顔は岸方向。変化を見せるのは、ミノーに当たる水圧がピークに差し掛かるあたり、U字の底近辺だ。川の流れに押されたミノーが、顔を上流側に向けて進行方向をくるりと変更。その後の逆引きに向かうこのターンが、サクラマスのバイトタイミングのひとつになっているのである。

なぜ、このターンがサクラマスのバイトを誘うのか? 本当の理由は想像するしかないけれど、それまでミノーをチェイスしてきた魚にとっては、どうやら徐々に上流側に顔を向けていくこの動きの変化が、いたく捕食スイッチを刺激するものらしい。ターンする際に、若干ホバリングする感じでミノーの移動速度がスロー

北陸地方のメッカ、九頭竜川。たくさんの釣り人が集まるフィールドだけに、フィッシングプレッシャーも非常に高い。相手のスレを高めずに、しかし確実に捕食スイッチを刺激できる釣りを心がけると女神が微笑んでくれることがある。

ダウンするから、魚にとってアタックしやすいのかもしれないし、動きが変化すること自体が相手のリアクションを誘っているのかもしれない。いずれにしてもU字の釣りでミノーが上流側に顔を向けるあたりは、最大のヒットチャンス。ポイントを釣り下る中で、特に魚の気配の濃厚なスポットに差し掛かった時には、どこでターンさせるのかも含めて集中して臨みたいところだ。

スレた魚を自然に誘う

U字にミノーを引いてターンさせる釣りは、フィッシングプレッシャーの高いフィールドの魚を誘う際にも効果的だと考えられている。警戒している相手には、トゥイッチやジャークといった激しいアクションが時に逆効果になることもあり、そんな場合に、流れの押しを利用したナチュラルなスピード感でミノーの動きにアクセントがつけられるU字の釣りが、たいへん重宝するのだ。

急激なスピード変化や動きの釣りがいまいち場に合っていないと感じる時は、ターンを意識した釣りを積極的に試みると、渋いなかでも何かしらの反応が得られることもあるはず。また、ターン後の逆引きでヒットする魚もあんがい多いので、基本だがやはりピックアップまで気を抜かないように注意したい。

◎ミノーをターンさせる釣りのイメージ

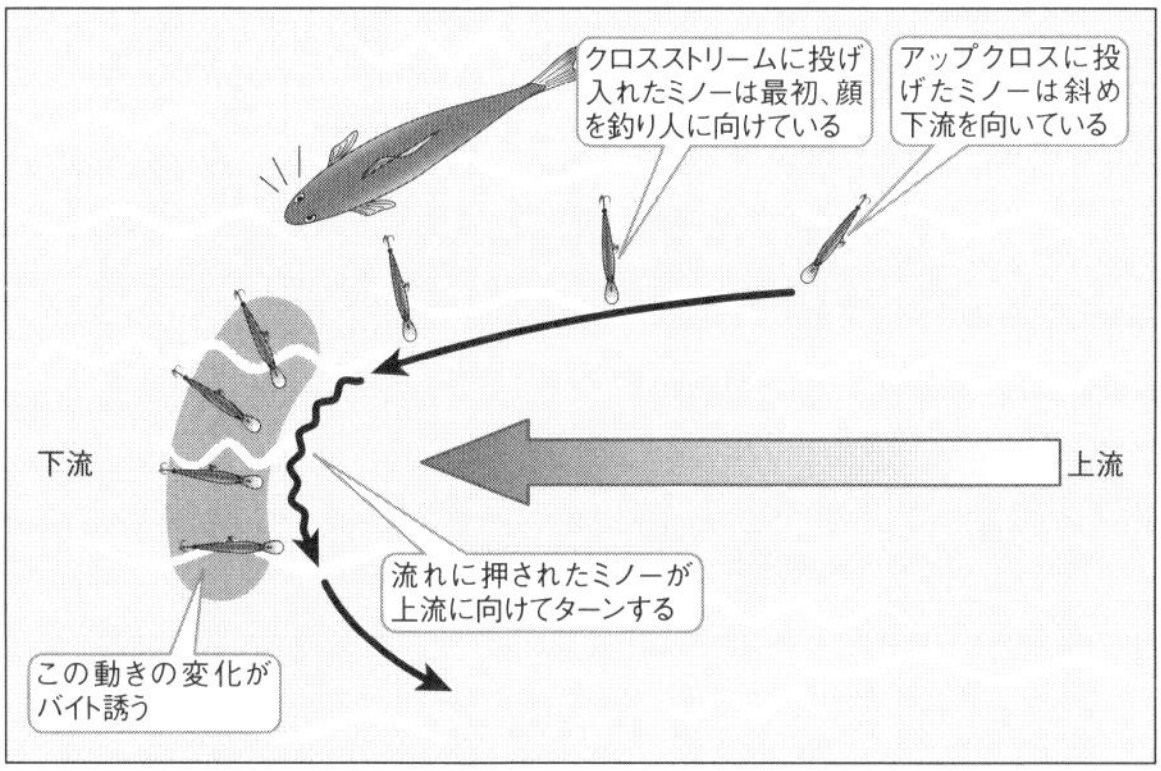

クロスストリームに投げ入れたミノーは最初、顔を釣り人に向けている
アップクロスに投げたミノーは斜め下流を向いている
下流
上流
流れに押されたミノーが上流に向けてターンする
この動きの変化がバイト誘う

着水させたら、素早くイトフケを取ってリトリーブ。流れを下ってくる時のミノーは顔を釣り人側に向けているが、下流に落ちきってラインが張り、リップがぐんと流れを受けると、ミノーは上流に顔を向けてくるりと方向転換。このターンがチェイスしてきたサクラマスにとっては、バイトのタイミングになっている。テンションが張り始めたあたりでリトリーブする手を緩め、流れの押しの中で「グーン」とゆっくりとホバリングさせるような感じでミノーをターンさせて、サクラマスのバイトを誘ってみたい。

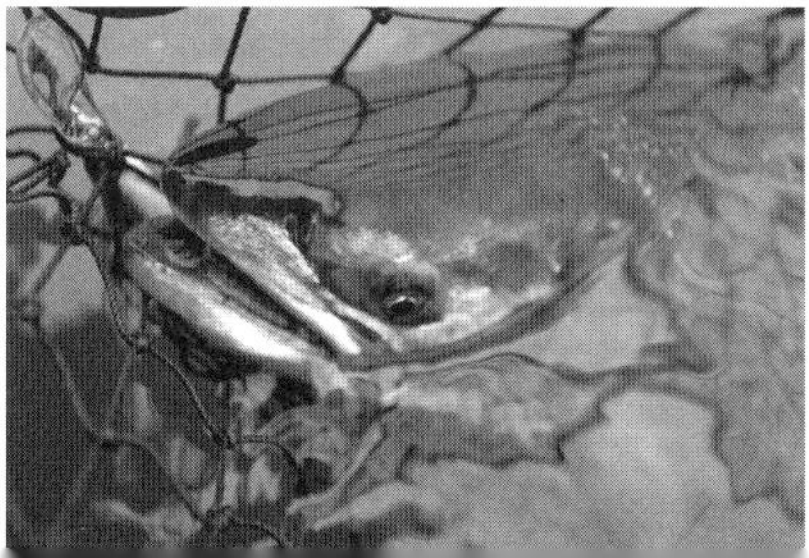

フィッシングプレッシャーの高いフィールドでは、ミノーの激しい動きを嫌う魚もいるはず。U字の釣りでじっくりルアーを見せ、ナチュラルなターンで誘ってみたい。

2 フックは、魚に触れる重要パーツだ。

シングルフックを自作すると、好みのフックを使えるだけでけでなく、ラインアイの大きさや長さも自分のイメージどおりに調整できる。

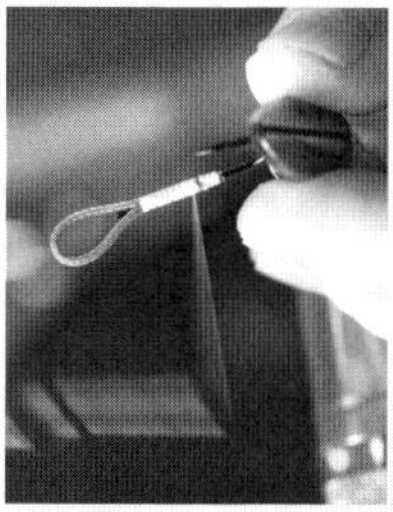

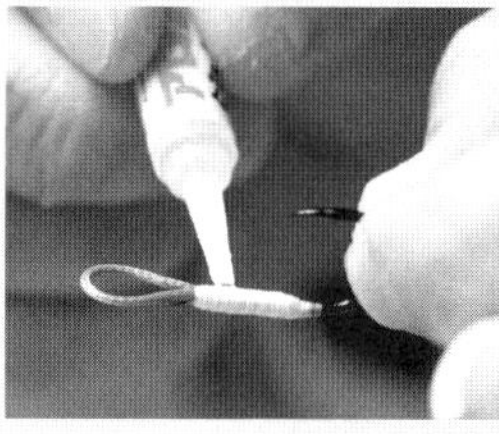

最も簡単なバラシ対策

いかに誘うか、どこでランディングするか、はたまたどんなルアーを使おうか。ポイントを前にして釣り人はいろいろなイメージを膨らませるものだが、そうした釣り方に対する意識よりも、じつはずっと大切なことがある。それは、いまラインの先にあるフックがどんな状態にあるのか？ということだ。なんとか上手く魚をバイトに導くことができたとしても、この部分が適当だと後で深く後悔することになる。フックが刺さらなければ、絶対に魚はランディングできないからだ。

ルアーフィッシングの場合、どうしても自身が操作するルアーを中心に考えてしまいがちだが、実際に魚が掛かるのはルアー本体ではなく、そのフックである。ボトムを叩いたり、木の枝などを拾った時は必ずハリ先を確認。鈍っているようならシャープナーで研ぐか、フックを交換して次のキャストに備える手間を惜しんではいけない。また、特にヒットの可能性が感じられるポイントでは、釣り始めのアプローチの段階からルアーケースのなかで最も状態のいいフックが付いているミノー、スプーンを選んでおくと心強い。

サクラマスの口は部位によってかなり硬いところがあり、魚のアベレージサイズ考えればある程度軸の太いフックを使わざるをえないことからも、ハリ先の鋭さを常に保っておくことが大切。フックのケアは誰でも簡単にでき、それでいて確実に効果のあるバラシ対策なのだ。ことあるごとにフックに触れ、鈍っていないかを確認するクセをつけたいところである。

スプーンのシングルフック

ミノーやバイブレーションプラグの場合、ルアー本体とフックは別のパーツのように感じられるけれど、スプーンについてはフックも「ルアーの一部」として考えるアングラーは少なくない。シングルフック仕様にするとボディーの泳ぎと連動してフックそのものが揺れるため、それがちょうどいい誘いになっているという考え方だ。実際、アピールカラーのスレッドで自作したフックは水中でよく目立つから、フックめがけて食ってきている可能性だってあるかもしれない。

スプーンのシングルフックは、ボトムタッチした時の根掛かり軽減についても大いに貢献してくれる。特にボトムを転がす釣りをするような時は、トリプルフックではなく必ずシングルに替えて臨みたいところだ。自作シングルフックについては、アイの大きさを好きなように調整できる点もメリットだ。お気に入りのスプーンとのベストバランスを追求できる。

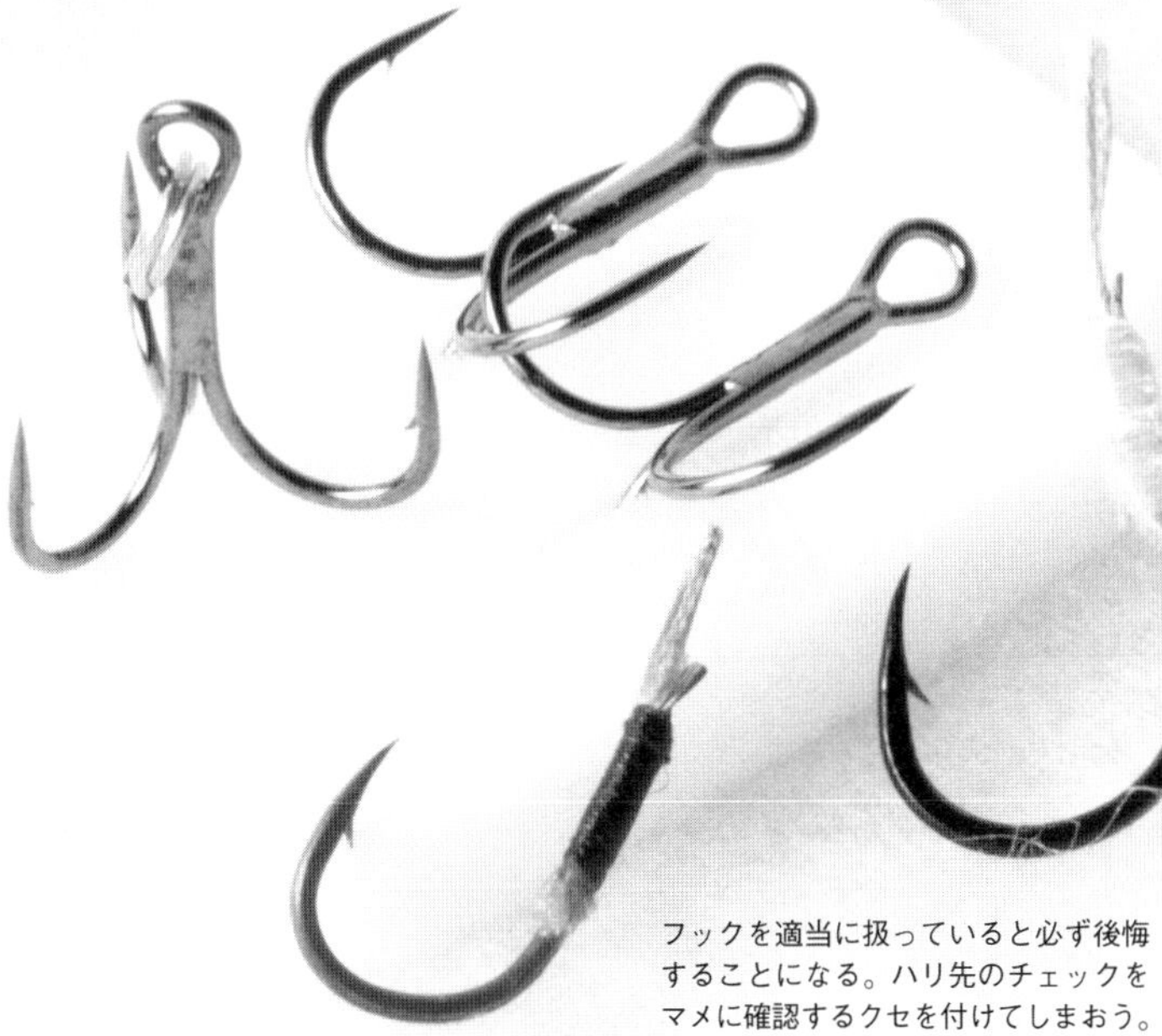

フックを適当に扱っていると必ず後悔することになる。ハリ先のチェックをマメに確認するクセを付けてしまおう。シャープナーで研いでも安心できない時は、予備フックに交換だ。

3 自信のある「1投」の準備を怠るな。

後悔のキャストをしない

サクラマスのバイトは貴重だ。だからこそ、不運にも取り逃してしまった時のショックは大きい。実際のところはどんなに慎重にファイトしたとしても、そもそも掛かりが浅かったり、立ち位置が不利だったりすると、どうしたってバレてしまう魚はいるものなのだが、かといってそう簡単に気持ちを切り替えられるものでもないだろう。ただ、精神的なダメージを最小限に抑える方法がないわけでもない。それは毎キャスト、自信を持って臨むということだ。

サクラマス釣りで最悪の体験は、自分のイージーミスで貴重な1尾をバラしてしまうことだ。「さっきの1投で底石に当たっていたのに、フックのハリ先を確認していなかった。ひょっとするとフックが鈍っていて、しっかりフッキングしなかったのかもしれない」。「テトラの際を釣っていて、何度かリーダーが当たっているのに気づいていたが交換しなかった。その際の傷が原因でラインブレイクしたのかもしれない」。「朝から釣りを続けていて一度もルアーを結び直さなかった。念願の1尾がヒットした時にはもうきっと結び目が劣化していた」……。

そんな後悔の余地を残しておくと、残りの時間がずっとバラシを引きずりながらの釣りになり、釣りのリズムが崩れてしまう。すると集中力が低下するため、ひょっとするとあったかもしれない2回目のチャンスを逃す事態にもなりかねない。

少なくとも魚がヒットしたのだから、川の状況は決して悪くない。もう一度、集中して流れに対峙すべき好機なのだ。フックを研いだり、ノ

できる準備は万全に整えたうえで、ポイントに臨む。ハリ先のチェックや古いノットの結び直しなど、サクラマス釣りのエキスパートと呼ばれるアングラーがそうした基本を怠ることはない。

シーズン中、ふつうサクラマスのバイトは片手で数えるほどしか得られない。仮にイージーミスでバラしてしまったら、そのショックは甚大だ。

ットを確認するなどの基本を確実にこなしておけば、「やることはやっていた。これでバレても仕方がない」と気持ちを切り替えられる。毎キャストの自信が次に繋がるのである。

それに、イージーミスで魚がバレる余地を残していると、魚がバレた本当の原因がわからなくなる点でも問題だ。アワセが早すぎたのか、それとも遅すぎたのか。魚を寄せるタイミングが間違っていたのか。あるいはフックが外れてしまう前に、もう少し強引に寄せてしまうべきだったのか。そうやって1尾とのやり取りを噛み砕いて「復習」しておくと、必ず次のチャンスに活きるものだ。

ハリ先の甘さやラインの傷によってバレていた可能性があると、それが最大原因になってしまい釣り人として糧にならない。サクラマスとのファイトの上達を目指す意味でも、不安のないキャストを毎回続けることが大切なのである。

信頼できるルアーを使う

どんな釣りでも自信のないルアーをラインに結ぶことはあまりないものだが、サクラマス釣りに関しては特に自信の持てるルアーが必要だと言える。投げれば必ず釣れるという自信ではなく、目視できない水中で、流れの重い流心で、複雑に流れが絡み合う早瀬で、「確実に泳いでサクラマスを誘ってくれている」と心から信頼できるルアーがほしい。

ある状況ではスペシャルな泳ぎを見せるものの、いまいちバランスが悪いと感じられるミノーを投げ続けるには、そうとうの精神力が求められる。「思ったように泳いでいないかもしれない」そんな疑念が一度でもよぎってしまえば、途端に目の前のポイントに集中することが難しくなるものだ。1投で探り切れていない感覚が残り、下手にキャストを重ねて手返しが悪くなる悪循環にも陥りやすい。

「ルアーが悪いから釣れないのではないか？」という想いに駆られた時は、過去にサクラマスをヒットさせたことがある実績ルアーに戻ってみると、集中力が復活しやすい。「釣れる」「いまバイトしてくる」と常に感じることができれば、フッキングも決まりやすいものだ。

4 ルアーの色を考える。

サクラマスの特効カラー

赤、紫、クロコダイルの「ハハハ」カラーやオイカワカラーなど、全国各地のサクラフィールドには、とりわけよく釣れると言われる特効カラーが存在する場合がある。地元の釣り人たちに聞いてみると確かに実績が集中していることも多く、そうしたご当地カラーをサクラマスが好んでいるのは間違いないようだ。

ただし、こうした特効カラーはたくさんの釣り人たちが使っているからこそ、結果的に釣果が集中しやすい側面があるため、その実績尾数を「このカラーだから釣れた」と額面どおりに受け取れないのも事実だったりする。実際に魚は釣れているので使ってみる価値は大きいけれど、特効カラーの存在を逆手に取る視点も合わせて持ちたいところだ。

そのフィールドで人気カラーが1色に集中しているということは、逆に言えばサクラマスたちにとってそれはよく見かける、いつものカラーであるとも考えられる。なかにはすっかりスレている魚もいるはずで、そうしたサクラマスを反応させるためには異なるカラーが効果的な場合もあるのだ。人と違うカラーを使うことで、新鮮な印象を水中の魚たちに与えるのである。

周囲の釣り人と異なるカラーを使う意識は、フィッシングプレッシャーの高いフィールドでも大切だ。あまり主力として使う人のいないハイアピール系の蛍光色や、ブラック系のルアーに魚が反応することもあるので、ひとつふたつ準備しておくと切り札になってくれることもある。激戦フィールドへ釣行する際には、定番のナチュラル系やアカキンをメ

カラーはタイプ別にいくつか用意。ナチュラル系、チャートなどのアピール系の2タイプは最低でも押さえておきたい。余裕があれば水中でシルエットが際立つブラックなどの暗い色もおすすめ。

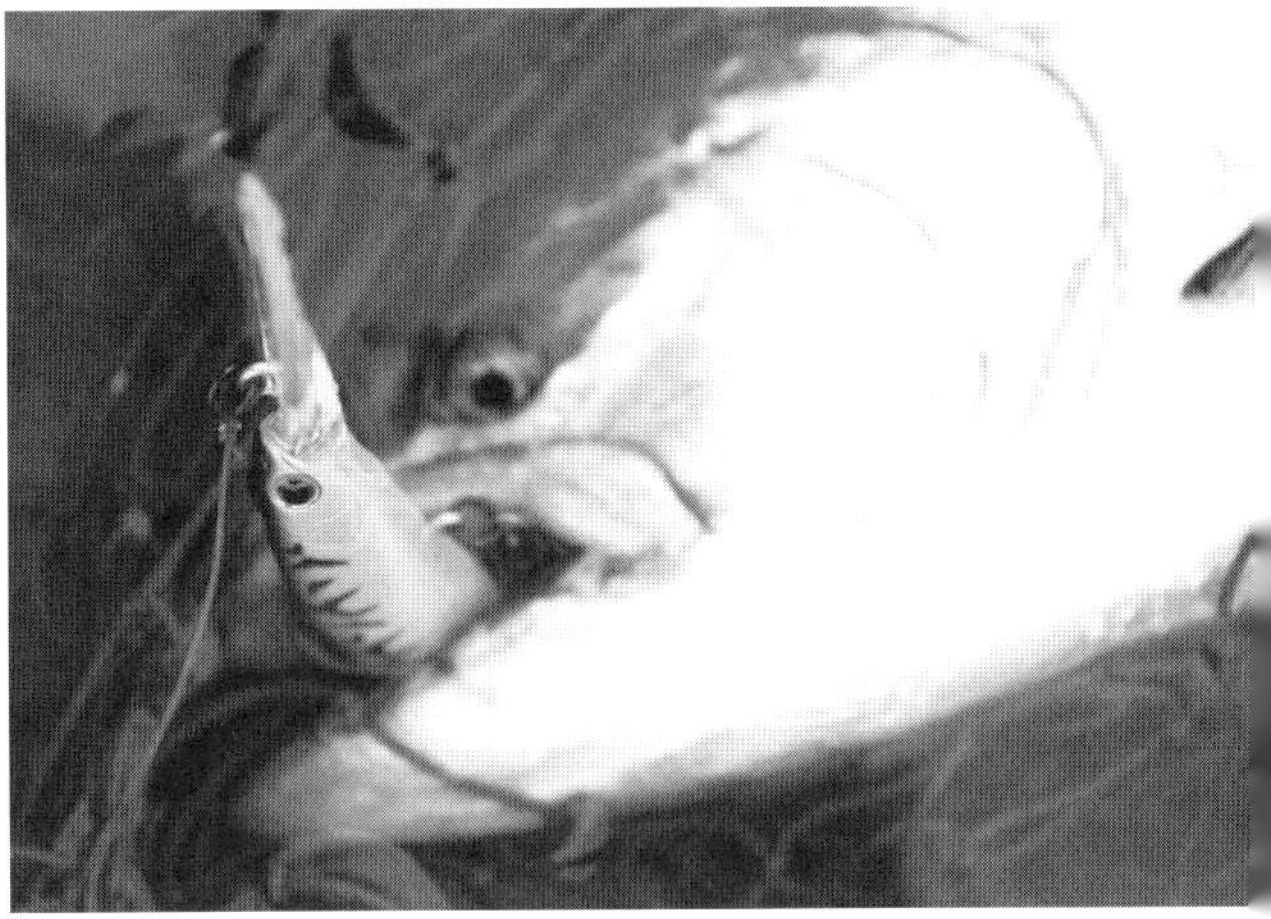

ホットタイガーカラーに思わずバイトしてきたサクラマス。あえてセオリーを外し、他の釣り人があまり選択しないカラーを積極的に使うことでスレた魚からバイトを引き出せることがある。

インに、少し外した色のものも用意しておきたい。また、先行者を追いかける状況でもカラーは注目すべきファクターだ。先行する釣り人の使用しているルアーが確認できるようなら、それと違う系統のカラーをチョイスしてみるといいだろう。

カラーローテーション

サクラマス釣りではあまりルアーのカラーに気にかけないタイプのアングラーもあんがい多いのだが、それでもローテーションの効果についてはほとんどの釣り人が認めるところ。それまで使っていたものと異なるカラーを投げ入れたことがキッカケとなり、途端にバイトしてくるサクラマスはたしかにいる。

その色だから、見えたのか。それとも色が変わったこと自体が捕食スイッチを刺激したのか。ヒットの理由はいくつか考えられるけれど、ローテーションする際に覚えておきたいのは、目先の変化を大きく付けるということだ。シルバーベースのナチュラルカラーを使っていたなら、次はチャート系のアピールカラーにチェンジ。それで反応がなければブラック系に替え、そしてまたナチュラル系に戻るといった具合に、色のメリハリを意識的にハッキリさせると、けっこう効果的な場合が多い。必ずしもそれで結果が出るわけではないけれど、たとえば魚のチェイスを確認したポイントを、もう一度釣り下る時などの試してみたいローテーション術だ。

◎カラーローテーションの、ひとつの考え方

釣り人によってカラーローテーション術は違ってくるものだけれど、入門者が覚えておきたいのはカラーのタイプを変えるやり方だ。微妙なカラーの差で相手の好みを探るのではなく、ガラリと見た目を変えてフレッシュな印象を魚に与えるのである。たとえば、ベイトフィッシュに似せたナチュラル系から、ブラックへ。ブラックから、光を強く反射するカラーへ。こうしてルアーの印象にメリハリを付けると、見た目の変化そのものが刺激となってバイトしてくるサクラマスがいることを覚えておこう。

5 反射の釣り、速い釣り。

反射で食わせる意識

そもそもエサを食べない魚が、なぜルアーを食ってくるのだろうか？ これについては誰もはっきりとした正解には辿り着いていない。ただ、襲わずにはいられない本能がサクラマスに備わっていることは確かだろう。何かのキッカケで本能が刺激され、ルアーにバイトするのだ。

捕食スイッチのありかはじつにさまざまで、スプーンのフォーリングに食ってくることもあれば、タダ引きしているディープダイバーを足下まで追って出てくる魚もいる。時には、トゥイッチしているミノーに、突然岩陰から飛びかかってくるサクラと出会うこともある。

川から魚の気配を感じないような時は、リアクションバイトをねらう釣りも有効だ。捕食や攻撃性の本能を刺激するという意味では、どんな釣りでも「リアクション」と呼べなくもない気もするが、より反射の勢いで食わせるイメージを持っていると思わぬ1尾を手にできる場合もある。トゥイッチやジャークといったロッドワークによって、鋭く連続的にルアーを動かしてみるのもひとつの手段。活性の低い魚は底に沈んで

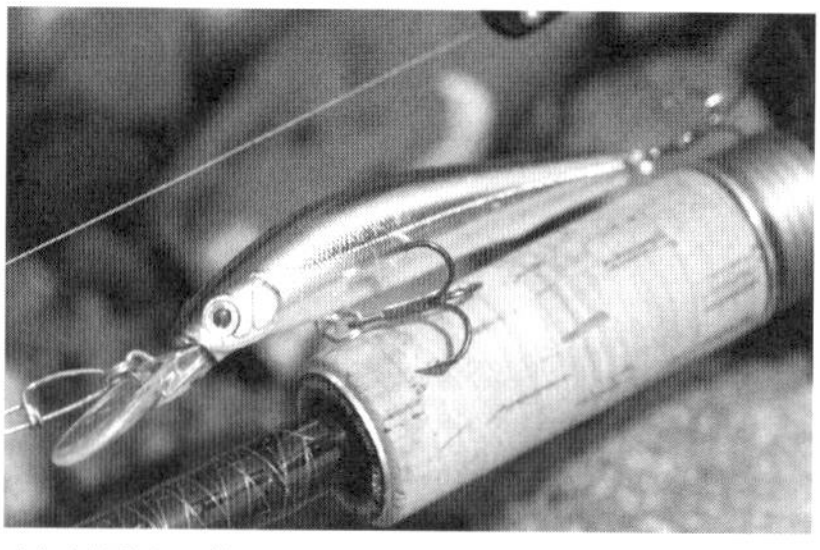

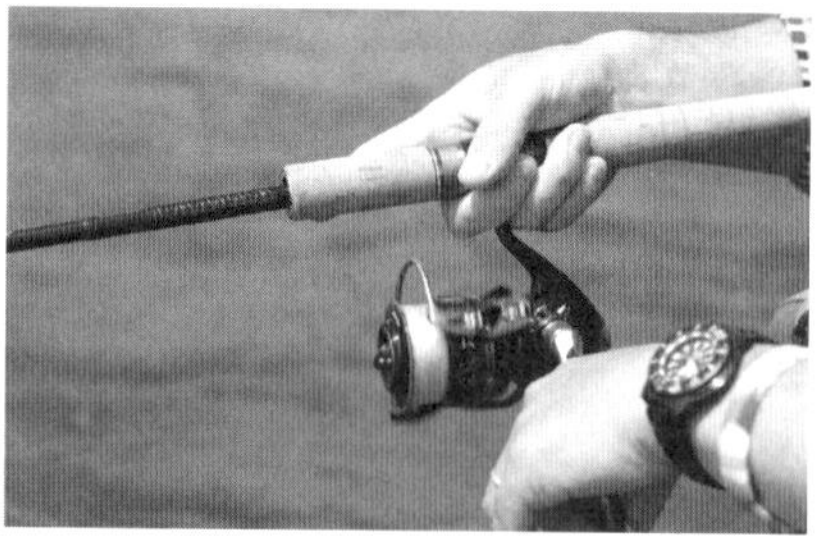

右）速引きの釣りにはハイギヤタイプのリールが使いやすい。ロッドはハリが強く、ティップが入りにくいものがおすすめ。左）ディープダイバーを速引きすると、それだけで疲れてしまうので、レンジを下げたい時はミディアムディープダイバーが使いやすい。飛距離が欲しい時はシンキングミノーを使用。速引きするとレンジが浮き上がりやすいので、シンキングでも意外と根掛かりにくい。

シンキングミノーの速引きにヒットした1尾。ハイギヤリールをファーストリトリーブする釣りでも、スイッチが入った魚は俊敏にチェイスしてアタックしてくる。

いると想定し、そのレンジまでルアーを送り込んでから誘ってみたい。

速い釣りも時には必要だ

反射で食わせるという意味では、リトリーブスピードを速める釣りがハマる状況も意外と珍しくない。魚からの反応が薄く、周囲でも釣れていないような時はアングラーの意識がよりディープへ、そしてまたよりスローな釣りへと向かいがちだが、そんな渋い状況だからこそリトリーブするスピードを速め、反射で食わせる釣りが効果的なことがある。目の前に突然出現したルアーに、思わず身体が反応してバイトさせるイメージだ。

単純にルアーを速引きするだけでなく、強めのジャークやトゥイッチを織り交ぜるとアピール力が高められる。ミノーのバランスを意図的に崩し、イレギュラーにスライドさせることで、ちょうどいいサクラマスのバイトタイミングにもなってくれるはずだ。シーズン終盤の高水温期でも活躍してくれるテクニックだが、朝のマヅメ時にできる限り長い距離をサーチして、活性の高い魚を拾い釣る場合にもちょうどいい。ファーストリトリーブの釣りは、その手返しのよさもメリットだ。

タックルについては、やはりリールは巻き取りスピードの速いハイギヤ仕様が使いやすい。ロッドは高速の釣りのなかでメリハリよくミノーをアクションさせることを考えて、張りの強いシャープなものを用意したいところだ。基本的にこうした釣りではレンジが深まらないものだから、ルアーにはリトリーブするだけである程度のレンジをキープできるシンキングミノーやミディアムディープダイバーが適している。

6 濁りのサクラマス釣り。

濁っても、釣れる魚はいる

　その規模にもよるとはいえ、魚を動かしプレッシャーを薄めるという意味で、河川の増水はサクラマス釣りにとってポジティブな出来事だ。河川内の魚のソ上意識を高めるだけでなく、海に停滞していた新たな群れのソ上を促すことも期待できる。それまで渇水続きで本格的なソ上が見られていない状況であれば、その増水で一気にフレッシュランが川に入ってくる可能性もあるだろう。

　しかし、増水は川に濁りを引き起こす原因でもあるのが厄介だ。平水に近づくにつれて収まってはくるものの、雪シロの季節などはなかなか濁りが引かず、悩まされることもしばしば。降水量の度合いで言えば落ち着いていてもいいタイミングであるにもかかわらず、時には上流のダムが濁り水を放水し続けることもあるし、川の増減水に関係なく、田圃の代掻き水の流入によって生じる濁りもある。できれば清冽な流れのなかで釣りを楽しみたいものだが、川によっては春のサクラマス釣りは濁りと切っても切れない関係にある。

　川がひどく濁ってしまうと、一気に期待値が下がるように感じられるし、実際のところ状況としては望ましいものではないけれど、かといってまったくノーチャンスなのかというと、決してそんなことはないだろう。川を訪れた釣り人のほとんどが諦めモードになるようなひどい濁りのなかでも、手出しできないほどのハイウオーターでない限り、数は少ないとはいえ意外とサクラマスはポツポツと釣れているものだ。いつもではないけれど、そん

濁りのコンディション下でも、まだサクラマスがヒットする可能性は残されている。魚の付き場を絞り込めるかどうかが鍵だ。

◎川が濁るとヒットが遠のく理由

川に生きる魚たちにとって、いつも水はきれいであってほしいはず。だから、たしかに川が濁ることで活性が下がることは否定できないのだけれど、それでも釣れてくるサクラマスがいるのは事実だ。右のイラストはあくまでもイメージに過ぎないが、川が濁っているということは、魚の視界も遮られているということ。相手がルアーに気づいていない状況が頻繁に水面下で起こっていると考えて、付き場をタイトにねらうことを心がけたい。魚の活性を著しく低下させるひどい濁りや高水でない限り、相手の視界にルアーを送り込めればまだチャンスはあるのだ。

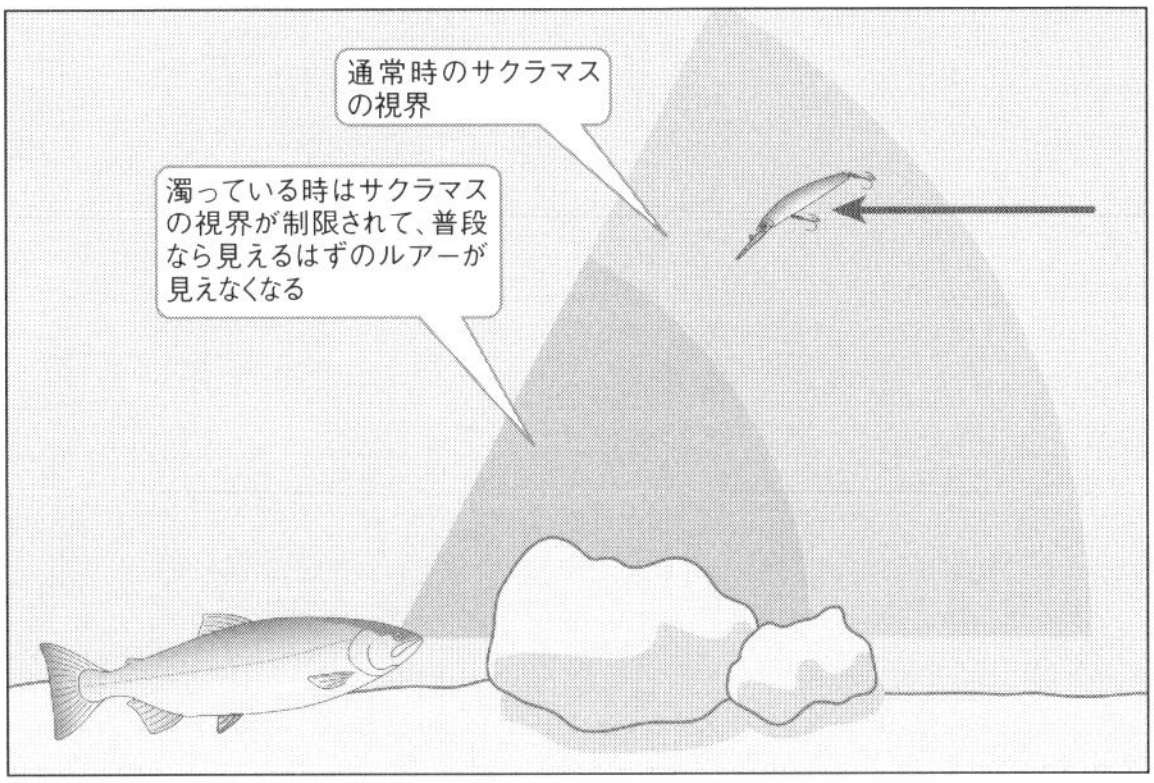
通常時のサクラマスの視界
濁っている時はサクラマスの視界が制限されて、普段なら見えるはずのルアーが見えなくなる

上流のダムの影響などで、一度雨が降ると濁りがなかなか抜けない川もある。しかしロコアングラーたちは、そうしたタフなコンディションでも魚を手にしている。攻略の糸口は必ずあるはずだ。

な状況でもめげずにサオを出した釣り人に、サクラマスの女神は微笑んでくれることもあるのだ。

魚の視界を想像する

川の濁りによって生じる最もネガティブな要素とは、シンプルに魚にとっても視界が遮られるということだ。ルアーが見えなければ、ヒットどころかその存在さえ魚にアピールすることが叶わない。そのため濁りのなかで結果を出すには、魚の付き場を熟知したうえで、そこをタイトにねらう釣りが必要だ。川を知り尽くしたロコアングラーに、濁った川で実績を出しているツワモノが多いことからも、濁った状況下では魚をピンスポットでねらう釣りの重要性は大きいと言える。

細かな付き場が分からない時は、常に群れをストックしている人気ポイントや、過去にサクラマスを釣ったことのある実績ポイントを丹念に探ってみるといいだろう。魚の鼻先に送り込むことさえできれば、逆転の1尾がヒットする可能性はあるはずだ。それと増水で川が濁っている時のサクラマスは、流れが緩く、それでいて身を寄せられるブレイクやストラクチャーがあるところに付いていることがある。岸際のブレイクに寄っていることもあるので、慎重にアプローチしたいところだ。

7 複数のトレースラインを試す意味。

魚にルアーが見える角度は？

　全体に流れの平らな深瀬のなかに、ポツンと沈む大きな岩。その周囲だけが水面にいい感じのヨレができていて、いかにもサクラマスが潜んでいそうな雰囲気を醸している……。そうした好スポットに出会うことができたとしても、そう簡単にヒットしてくれないのがサクラマスという魚。釣り下りのテンポを若干落として何投か粘ってみたものの、けっきょく目立った反応が得られないのはよくあることだ。

　それでもまだ気になる時は、ポイント全体をひと流しした後で、その好スポットを中心にもう一度頭から釣り下ってみるのも、もちろん悪くない。しかし、その前に試しておきたいのが、さまざまなトレースラインを探る釣り。というのも魚が岩陰などに身を潜めている場合、1本のトレースコースでは相手にルアーが見えていない可能性があるのだ。

　釣り下りのクロス～ダウンクロスの釣りでひととおり探ったら、そのまま通過せずに今度はアップクロスで速引き、あるいはアップストリームで縦にトレース。そうやって違う角度からスポットの周囲をくまなく探り、死角を残さないようにアプローチすると、本来ならヒットしていたかもしれない活性を維持した魚を、不覚にも釣り逃してしまうリスクは、ぐっと減少する。基本的にサクラマスはルアーの追い気が薄い魚であり、向こうから積極的にルアーを捜し、

あえてロッドを振りにくい立ち位置からキャストを試みることで、魚にとってフレッシュな角度からのアプローチが可能になる。たくさんの釣り人たちに叩かれている人気ポイントでは、人とは違うトレースラインそのものが魚を反応させる誘いになる場合もあるのだ。

◎トレースラインとヒットの関係

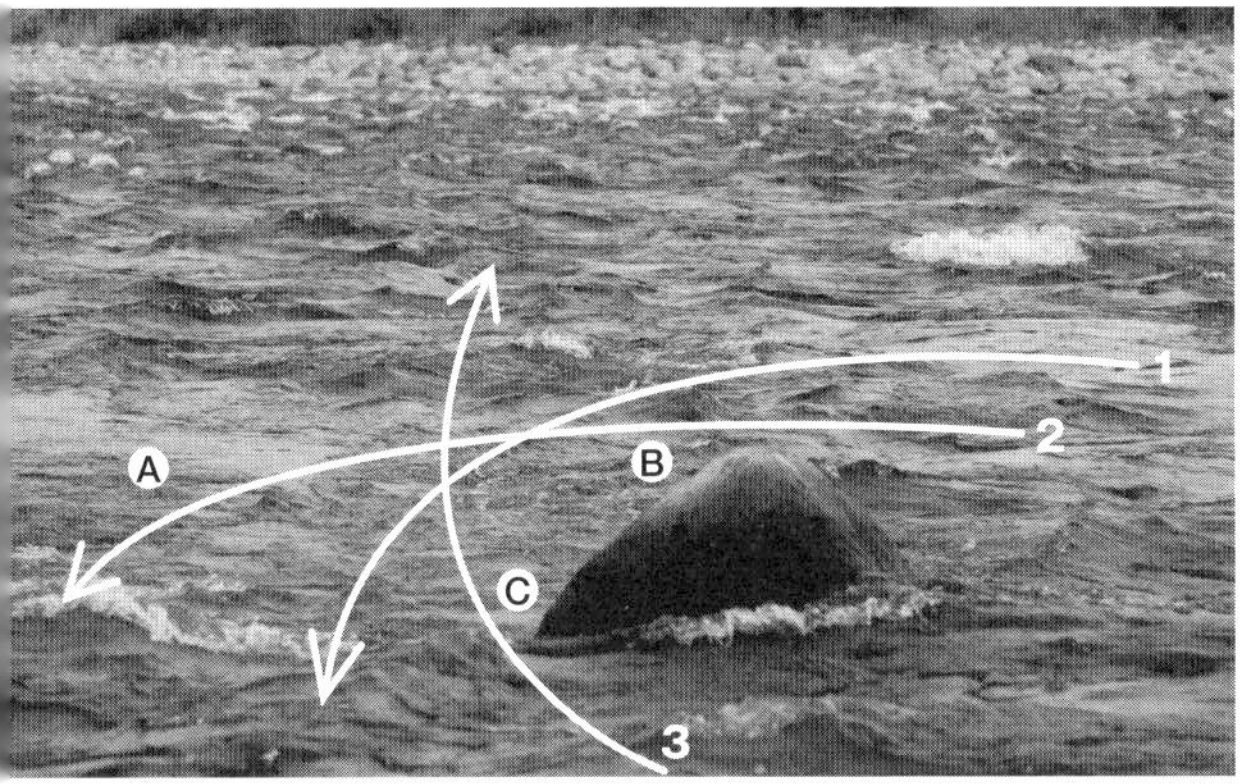

魚が付いている可能性を感じるポイントでは、複数のトレースラインをチェックすることで釣りこぼすことがなくなる。このポイント全体でいえば下流の「A」のヒラキに魚がいる時は、オーソドックスな「1」のクロスストリームでも、「2」のアップクロスでもルアーをアピールできるが、より岩にタイトに「B」の位置に付いていると「1」のクロスの釣りでは相手の視界にルアーが入らないこともある。また、魚が「C」の位置に付いている時は、対岸からのアプローチ「3」が有利。川の形状的に歩きやすい岸がある場合、あえて逆側からアプローチするとフレッシュな反応を得られることもあるので覚えておきたい。

勢いよく突っ込んでくるような状況はかなりのレアケースだ。貴重なバイトを得るためには、常に相手があまりルアーを追わないことを想定し、こちらからルアーを近づけてやる意識が欠かせないのである。

フレッシュな角度を捜す

さまざまなトレースコースを試すことの有効性ついては、小さな「スポット」に限らない。たとえば瀬を釣り下る途中、アップクロスやアップストリームのキャストを織り交ぜてみると、それまでクロス～ダウンクロスの釣りでは無反応だった流れから、思わぬ1尾がヒットすることがある。ひとつのポイントの頭から尻までのなかには、水勢・水深から見て特に期待値が高く感じられるエリアがきっとあるはず。そんなところに差し掛かった時は、クロス～ダウンクロスの釣りで釣り下るだけでなく、ぜひ角度を変えてアプローチしてみたい。

トレース角度を変えることでヒットするサクラマスがいる理由については、アップクロスやアップストリームのトレースコースが、その場の魚にとって新鮮に見えている可能性もある。サクラマスをねらうような本流フィールドは、基本的に釣り下ったほうが探りやすく、そしてまた歩きやすいフィールドがほとんどだ。どうしても釣り人たちのトレースラインがクロス～ダウンクロスに集中するため、そういう動きをするルアーに魚がすっかりスレてしまっていることが考えられる。

となれば、ふだんとは違う角度から侵入してくるルアーは、きっと魚たちにとってずいぶん新鮮に映るはず。他の釣り人と異なる釣りをすることも、特にプレッシャーの高いフィールドでは重要なのだ。

8 ロングロッドのメリット再考。

ファイト時に頼もしい

水中のミノーを小刻みに揺らしたり、あるいは連続的にギラつかせたり、はたまた鋭く横っ飛びにジャークしたり。トラウトルアーフィッシングは、さまざまなロッドワークを駆使して魚を誘うことが求められる釣りスタイルだ。渓流ルアーフィッシングほど極端ではないにせよ、本流サクラマス釣りでもロッドワークでルアーを操作するシチュエーションが多いのは同じ。ストレスを感じることなくルアーを操作できるロッドがあると、1日の川歩きはますます楽しくなる。

さて、ルアーを操作するという意味では、ロッドはやはり取り回しのいい短めのものが扱いやすい。タイトにルアーを動かしたい早瀬の釣りなどでは、それほど川幅の広いフィールドでなければ7ftクラスのロッドが定番的な長さになっているし、実際のところ中流域、あるいは中規模河川での釣りなら、ロッドは短いほうがずっと軽快に感じる場面は多いものだ。とりわけ長く渓流釣りをやり込んでいるアングラーなら、余計にショートレングスのロッドに扱いやすさを感じることだろう。

しかしサクラマス釣りの場合は、渓流釣りよりもねらう魚のサイズがふたまわりほど大きくなるわけで、ロッドにはルアーを操作することと同じくらい、ヒットした魚を確実にランディングするためのスペックもまた備わっていないと、いざという時にきっと困ることになる。実際に魚を掛けてみるとよくわかることなのだが、サイズが大きく、そしてパワフルなファイトを見せる相手

至近距離でのファイトも、ロングロッドのほうが魚の抵抗をいなしやすい。ロッドのベンドで魚の動きを吸収し、相手が落ち着くまでじっと耐えるのだ。

ロッドの長さ、しなりを活かして、サクラマスの抵抗をいなす。相手が大きく、そしてファイトが難しいシチュエーションになるほどロングロッドは頼もしさを発揮してくれる。

ほど、レングスの長いロッドのほうがずっと有利にファイトできるのだ。

最初のサクラマスロッドを選ぶにあたり、取り回しの良さから短めのものを手にとってみるのは、決して間違ってはいない。それが自分のフィーリングに合っていると感じたら、その1本をまずは使い込んでみると、徐々により必要なロッドスペックが見えてくるものだ。ただ、相手が50cmを軽く超える魚であることと、そして時にはそのサイズの魚とガンガン瀬でファイトする状況もあるということもしっかり考えたうえで、サクラマス用のロッドは選んだほうがいいだろう。大鱒とのファイトに慣れていないのならなおさら、自分の体格や力量的に邪魔にならない範囲の中で、より長いロッドを選んでおくと千載一遇の魚とも余裕を持ってファイトできるはずだ。

具体的なメリット

ロングロッドのメリットは、その長いブランクを存分にしならせて、相手のヘッドシェイクや急激な進路変更を、難なくいなすことができる点がまずひとつ。とりわけ至近距離でヒットした時などはラインの伸びが期待できないため、ロッドのしなりを活かしたファイトが不可欠だ。それと、手前に沈んでいるテトラや岩をかわす際にもロングロッドは有利。岸際のブッシュに逃げ込まないように、魚とブッシュの距離をあける時にも長さが大いに活きる。

ロッドの長さはフィールド規模を基準に選んでしまいがちだが、河口でも、中流でも、ねらう魚は同じ大型のサクラマスだ。ロッド選びの際には、ぜひやり取りの観点からも適正レングスを見極められるようにしてほしい。

9 理想のフッキングを求めて。

サクラの口は硬いのだ

何シーズンかサクラマス釣りを続けていれば、誰だっていつかはバラシに泣く時が来る。ヒットすること自体が少ない魚だけに、サクラマスのバラシはまさに痛恨。それが何尾か続くと、自分のファイトスタイルに自信が持てなくなり、及び腰になって余計にバラシを招く悪循環に陥ってしまうこともあるだろう。

ファイト中のフックアウトについては運が左右する部分も大きいから、「バレる時はバレる」と、あまり1尾のフックアウトをくよくよせず、割り切ってしまう潔さも時には必要だ。とはいえ、1尾の魚がバレるのには、必ず何かしらの理由がある。もちろん水中のことなのでハッキリとは分からないが、原因を想像することで釣りの精度は少なからず高まるもの。そこで、ここではサクラマスがバレるいくつかの原因と、その対策について考えてみたい。

バレる原因として挙げられるのは、まずサクラマスの口の硬さだ。釣りあげた1尾をリリースする前に一度、その口に手で触れてみると実感できるのだが、サクラマスの口は全体的にけっこう硬く、よほどキンキンに研いだフックでもフトコロ深くまで容易には刺さらない。テンションが分散するトリプルフックだと、なおさらフッキングは甘くなりがちで、掛かりどころが悪ければ、きちんと口にハリ先が当たっているにもかかわらず、釣りあげて見たところ薄皮1枚しか刺さっていなかった、なんてこともしばしば。これでは何かの拍子にバレてしまうのも当然だ。

口が硬く、なかなかフックが刺さらないのであれば、フッキングパワーを意識的に強めることがひとつの対処法ではある。ロッドを先調子にすれば、同じストロークでもフッキングのインパクトをより大きくできるし、さらに長いロッドを使えば遠くのバイトでもフッキングしやすくなる。ラインもPEにすることで、伸びがないぶんダイレクトに相手の口にハリ先を差し込めるはずだ。

しかし、長いのはいいとしても先調子でハリが強すぎるロッドや、伸びのないPEラインが、時としてサクラマスとファイトする際に不利に働いてしまうのは前章で触れたとおり。それに、サクラマスの口の特に硬いところにハリが当たっていると、フッキングパワー重視の道具立てでもしっかり刺さらないことがあるし、ハリ先を深く食いこませたいあまりに何度も強くフッキングしすぎると、余計に相手を暴れさせることにもなるから、バラシに対する根本的な解決になっているとは言い難い。

では、どうすればいいのだろうか？ サクラマスのフッキングについて考える時に覚えておきたいのは、硬い口の中でも、フックが刺さりやすい場所が2つあるということだ。それが、「カンヌキ」。ここにハリが掛かるように意識しつつ、道具立てやフッキングの方法をアジャストできると、取れなかった魚をネットインする確率はきっと高まるはずなのである。

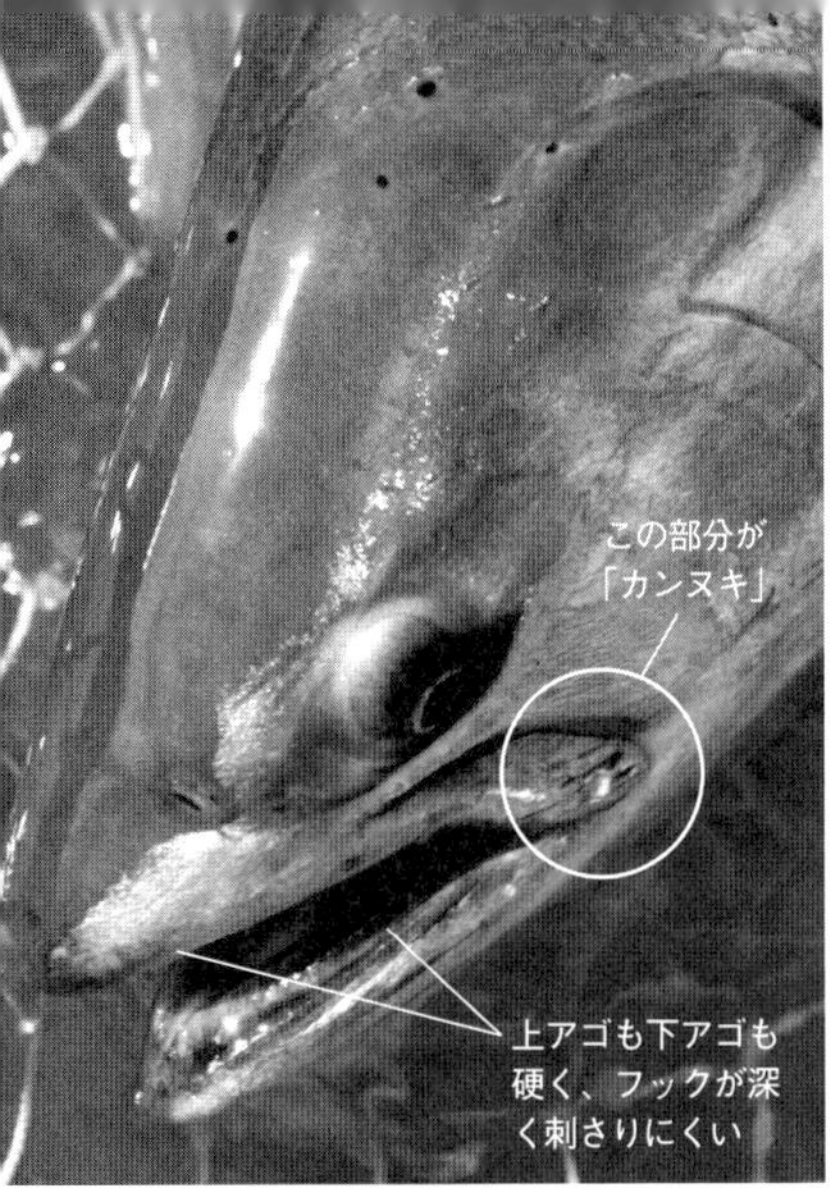
この部分が「カンヌキ」
上アゴも下アゴも硬く、フックが深く刺さりにくい

◎掛かりどころでフッキングの深さが変わる

キンキンに研いだシングルフックだと貫通できることも多いのだが、トリプルフックの場合は口の硬いところにハリ先が当たってしまうと深く刺さりにくい。柔らかいカンヌキにフックを当てることができれば、深いフッキングが期待できる。

カウンターのフッキング

カンヌキとは、魚の上顎と下顎の関節に当たる部分のこと。左右のどちらかに口の内側から当てることができれば、フックはしっかりカエシまで貫通し、バレにくいハリ掛かりが期待できる。テンションが分散するためにどうしても深く刺さりにくいトリプルフックでも、カンヌキなら2本以上のフックががっちり掛かってくれることも多い。これが、ここで言う理想のフッキングだ。

とはいえ、仮に水中にいる魚をバッチリ目視できる状況だったとしても、口の中のある一点をねらってハリ掛かりさせるなんていう芸当は、まずできるものではない。重要なのは、ハリが掛かるタイミングを待つということだ。魚がルアーにアタックするその一連のモーションなかで、自然とフックが相手のカンヌキに当

トリプルフックでも、カンヌキに当てることさえできればカエシまでしっかり貫通させられる。遊びフックのサポートもあるので、こうなるとよほどの不運に見舞われない限りまずバレる心配はない。

たるように仕向けるのである。

魚がルアーにアタックする状況はさまざまだから一概には言えないが、それでも追ってきたサクラマスはルアーに噛み付いた後、その身体を半身になって翻し、反転することがほとんどだろう。そのため、バイトした時にしっかりルアーが口の中に入ってさえいれば、相手が反転していくタイミングでカウンター気味に合わせると、ルアーのフックがちょうどカンヌキに、あるいはその周辺に当たってくれることが期待できる。後方に反転する魚の口からルアーだけが抜け、その際にハリがうまい具合に引っ掛かるイメージだ。バイトの瞬間にはあえて合わせずひと呼吸置き、魚がルアーをくわえて反転したところで鋭くフッキングするのである。

フッキングの道具考

カンヌキのフッキングに至るためには、バイトした魚にルアーをくわえた状態のまま、ヒラリと反転してもらう必要があるから、エキスパートのなかにはバイトの瞬間の違和感を少なくすることを目的に、あえてナイロンのラインシステムで臨むアングラーも少なくない。ロッドについても、張りの強いものよりは、ティップに軟らかさの

カンヌキにフックを掛けるためには、魚に反転してもらう必要がある。食い込みを深くするためにメインラインにナイロンを選択するエキスパートは多い。

ロッドもティップが柔らかめのもののほうがカウンターのフッキングを成功させるうえでは有利に働く。充分なパワーがありつつ、なおかつティップ柔らかめにデザインされたロッドを選べるとフックアップ率は高まるはずだ。

ある食い込みのいい調子が好まれる。

こうした道具立ての場合、バイトの瞬間の衝撃よりも、反転していく時の重さのほうが手もとに強く感じられるものなので、早合わせになりにくく、あまり意識しなくてもカウンターのフッキングになりやすいところも大きなメリットだ。サクラマスのバイトはそうそう遭遇できるものではないから、数100回のキャストでようやく得たバイトに対しては、どうしたって身体が条件反射を起こしてしまいがち。感度の高い道具立ては魚に違和感を与えやすいだけでなく、釣り人側のバイトをいたずらに早めてしまう一面も無視できないのである。

まだ経験が浅く、そしてまた集中して釣りをしている熱心なアングラーほど、早合わせになりやすい。バラシの多さに悩んでいる時は、タックルバランスから見直してみるのも一手だ。カンヌキの理想のフッキングを目差してみると、自身の釣りをミクロな視点で点検することにもなり、現状打破に繋がるはずである。

居食いタイプの合わせ方

カンヌキにフックを掛ける操作は、サクラマスがルアーを追っかけてバイトするか、あるいは底から食い上げる時に可能なものだ。つまり、相手にルアーを多少なりとも追わせる釣りにおけるフッキングの考え方であり、スプーンを使ってボトムをタイトに転がすような釣りでは、これとは異なるフッキングのイメージを持っておく必要がある。

定位している魚に向かってルアーを送り込む場合、目の前に転がってきたスプーンなどのルアーをその場で居食いする魚も多いはずだ。ちょっとした違和感ほどのアタリしか出ないことも珍しくないし、スプーンをフォールさせている時のバイトに至っては、道具立てによってはラインのフケや動き以外にアタリが分からないことだってあるだろう。そんな相手が居食いしていると予測できる状況では、反転するのを待つのではなく、何かしらのアタリを感じたところで積極的に合わせていったほうが結果は出る。サクラマスが首を振ってルアーを離してしまう前に、素早くハリを差し込むのだ。

サクラマスの口は硬いわけだから、こうした釣りでは刺さりのいいシングルフックが有利。ロッドもフッキングパワーを伝えやすいもののほうが効果的だろう。いま、自分がどんな釣りをしているのか？　そしてサクラマスは自分の操作するルアーを、どのようにバイトするのか？　水中のようすを具体的にイメージできると、求められるフッキングのイメージもまた具体的になるもの。状況に応じて対処できると万全だ。

10 前アタリは、たしかにある。

バイトの前触れを感じる

　ナイロンラインでの釣りがメインだった頃から、サクラマスの前アタリについて口にしていた釣り人はいたけれど、アングラー全体で見ればずっと少数派の意見だった。それが一転して多くの場で語られるようになったのは、ＰＥラインでの釣りが広く浸透して以降のことだ。より感度の高いシステムでの釣りを実践するうちに、たくさんの釣り人たちが前アタリの存在を直に感じることができるようになった結果だろう。

　なにぶん水中でのことなので、実際にルアーと魚がどんな関係にあるかは想像するしかないのだが、ざっくり言うと前アタリとは、サクラマスがルアーに噛み付く前触れのことだ。イメージとしては、渓流でヤマメやイワナがルアーにまとわりついているあの感じ。60㎝を超える魚が右に左に動き回れば、周囲の水も一緒に大きく動く。すると、その波動がルアーをとおして釣り人の手もとに伝わってくるというわけだ。

　ルアーに触れるかどうかという、紙一重のバイトも手もとで感知できる前アタリのひとつ。ずっとチェイスを続けていたサクラマスが、ついにアタックを試みたものの、けっきょくはヒットに至らなかった時、感度の高い道具立てで釣りをしていると「ふわっ」と何かが触れたように感じることがあるようだ。それでＵターンしてしまう魚もいるけれど、ここで大切なのはピックアップまでチャンスがあるということ。ミスバイトをした魚が、またすぐに戻って

フィッシングプレッシャーの高いフィールドでは、ミノーの激しい動きを嫌う魚もいるはず。U字の釣りでじっくりルアーを見せ、ナチュラルなターンで誘ってみたい。

◎前アタリの正体とは？

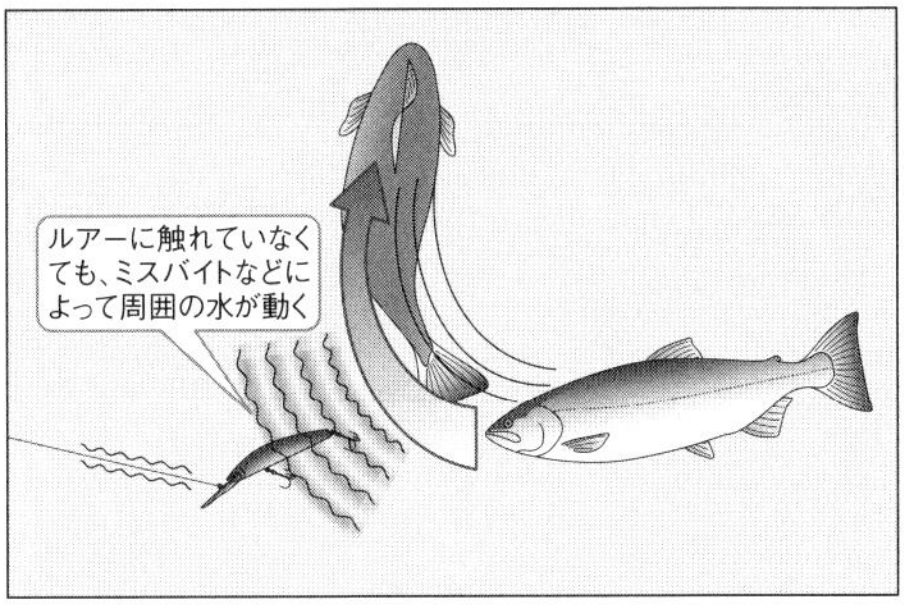
ルアーに触れていなくても、ミスバイトなどによって周囲の水が動く

高感度の道具立てで釣りをしていると、確かに感じる前アタリ。その正体はどうもルアーをチェイスするサクラマスが起こす波動のようだ。ルアーをぴったり追尾しながら、身体を左右に揺らしてじゃれつく動きや、あるいはフックをかすめるミスバイトが周囲の水を動かし、前アタリとなって釣り人に伝わっていると考えられる。前アタリは魚が近くに迫っているサインなのだ。

きて食ってくる可能性は、あんがい高い。ルアーの後ろに魚が付いていると考えて、ピックアップまで集中して誘いたいところである。

　こうした前アタリは、あくまでも釣り人たちの想像の範囲内のことだし、1シーズンを通じてそうそう出会えるものでもないから、前アタリの有無についてあまり気にしすぎる必要はないとも言える。ただ、明らかに何かがオカシイと感じた時には、ルアーの周囲のサクラマスの存在をイメージできると、きっといい結果に転ぶはずだ。

チャンスを活かすために

　前アタリを感じた時にどうするかは、釣り人それぞれに意見がある。しかし、慌てないことが重要だという点においては皆が一致するところだろう。魚がすぐそこに迫っているとなると、どうしても肩に力が入ってしまうけれど、ここはひとつ心を鎮めてバイトに繋げたい。

　ルアーを追っている魚をバイトさせる方法としては、まず同じ釣りを続けるということだ。その速度、レンジ、動きを気に入っているからこそ相手はルアーを追っているわけだから、あえて現状の釣りにアレンジを加える選択はリスクが高い。流れをU時にゆっくり横切らせているなら、トゥイッチしたくなるのをぐっとこらえて、そのまま静かにリトリーブに徹してみよう。

　一度、ミスバイトしたような前アタリがあったものの、その後は特に何の感触もない場合は、少しだけリトリーブスピードを速めてみるのも悪くない。相手に「逃がすものか」とルアーを追わせて、バイトのスイッチを刺戟する作戦だ。それを嫌がるリスクもあるが、リトリーブ速度を緩めるよりはまだヒットの可能性がある。変化を付けたい時のために覚えておくといいだろう。

　それと、前アタリはあったものの、けっきょくはヒットしなかった場合、いったんポイントを休ませておくと、今度はヒットすることがある。前アタリは、魚がそこに確実にいるサイン。いいタイミングに入り直してぜひ再挑戦してみてほしい。

11 時に、プレッシャーが魚を動かす。

釣り人の気配を嫌う魚

ソ上魚であるサクラマスにとって、一番のミッションはなんといっても秋になるまでの間に上流まで川を遡ることだ。そのため、深いところから深いところへと、流心近くのリバーチャンネルをとおって身の安全を最優先に移動しているはずであり、ヤマメのように、流れの緩やかなヒラキに気持ち良さげに浮いているなんてことは、まず考えられない。ねらうなら、そのポイントなかで最も深さを維持しているところ。実際、やはりサクラマスはそういう懐に潜んでいるものである。

しかし、たまに例外もある。たとえば、流心が右岸にぶつかって、川が緩やかにカーブしているようなポイント。川幅的に左岸から流心の深みをねらうのは難しく、そのため釣り人のほとんどが右岸に入り流心をダイレクトにねらっている場合、意外にも左岸の浅瀬付近に魚が寄っていることがあるのだ。

河口から中流域までソ上するなかで、サクラマスには徐々にフィッシングプレッシャーが蓄積されていく。そのため、釣り人たちの気配を嫌ってなのか、セオリーから外れたとこ

◎プレッシャーを嫌がる魚たち

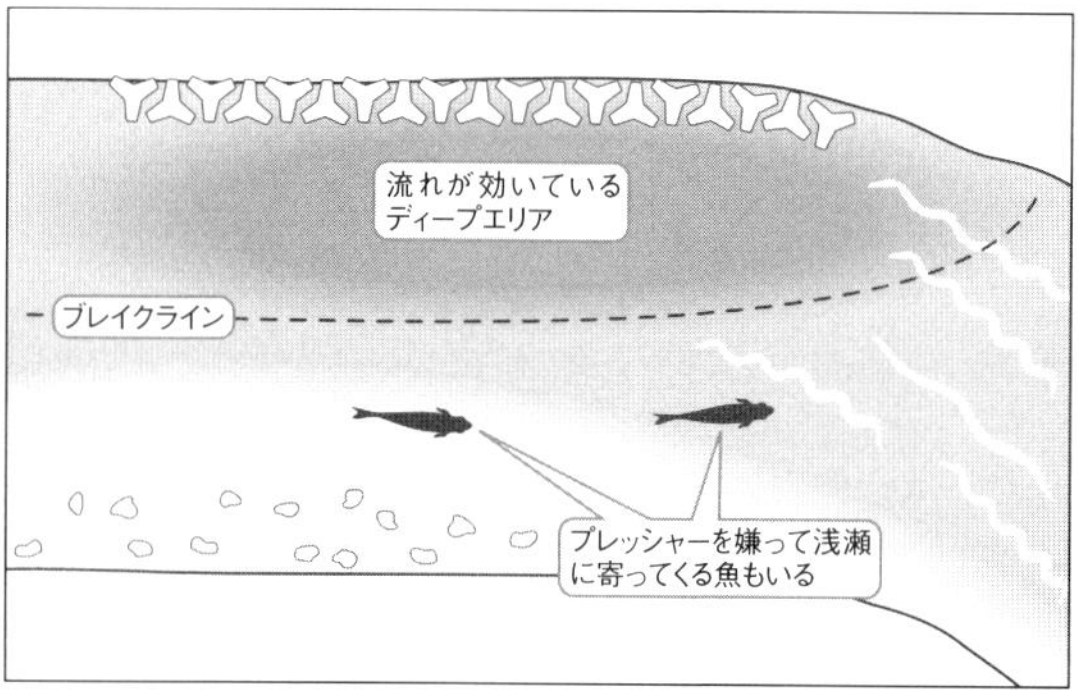

本来なら流れが効いているテトラ側の深場に魚が入っていておかしくないポイントだが、テトラに多くの釣り人が並んだり、または入れ替わり立ち代り深場を叩いているような場合には、深場を離れてプレッシャーの薄い対岸側に寄っていく魚がいるようだ。対岸側の浅瀬が適度に流れが利いていたり、魚が付きそうな岩が沈んでいる時は手前の深みにばかりこだわらずルアーを投じてみたい。届かないなら、対岸に渡って釣ってみるのもアリ。特に朝マヅメは魚が浅瀬に入っていることが期待できるので、対岸側から慎重にアプローチしてみると高活性の魚に当たるチャンスがある。

ろに付いている魚もいるのである。深場に隣接したシャロー、または流心から少し離れたところにあるブッシュの陰など、とりわけ釣り人が多い人気河川ではプレッシャーを嫌った魚が付きそうな場所を探してみる価値は大いにあると言えるだろう。

ちなみに、先ほど例にあげた左右どちらかの岸に流心があり、釣り人がそちらの深み集中している条件のポイントでは、特に朝方のマヅメ時に浅瀬側に寄っている魚に出くわすことが多い。不用意に水に立ちこまず、まずはフローティングミノーなどを使って静かにシャローを広くチェックしてみると、思わぬ1尾がヒットすることもあるはずだ。浅瀬でヒットした魚は下に逃げられないぶん、ヒット後はけっこう暴れることが考えられるので、あらかじめドラッグは若干緩めておいたほうがいいかもしれない。

小型ミノーでスレを攻略

シーズンが深まってくると、川が渇水し始めるフィールドも珍しくない。雨が適度に降ってくれればいいのだが、恵みの雨で川が潤う機会に恵まれないとサクラマスの活性は著しく低くなる。水温もしだいに高まってくるため、何かと釣りにくくなる時期だ。もちろん、魚たちに蓄積しているプレッシャーもピークに達している。

そんな時はシーズン券を購入して通っているホームリバーにこだわらず、条件のいい川を捜して転戦したほうが結果が出たりもするのだが、どこに足を運んでもタフなコンディションが変わらない時は、ちょっと目先を変えて小型ミノーの釣りを試してみるのも悪くない。シルエットの小ささが魚の警戒心を解いてくれるのか、それまで無反応だったポイントで、いきなり魚がルアーをチェイスすることもあるのだ。

使うミノーは6～7㎝を基準に、川によっては渓流サイズまで落としてみるのもアリ。タックルもそれに合わせてライトなものに変更。といっても釣れる魚のサイズは変わらないので、ラインだけはあまりパワーを落としすぎないようにしたい。PEラインのシステムがぴったりだろう。

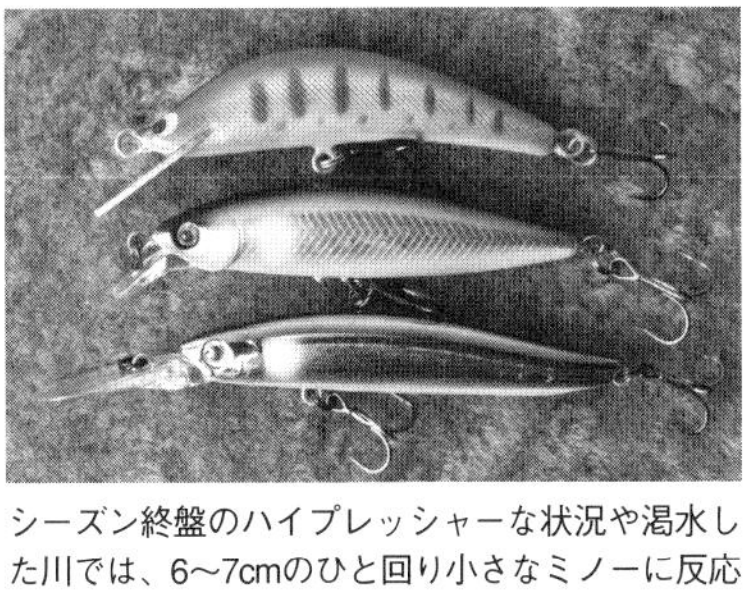

シーズン終盤のハイプレッシャーな状況や渇水した川では、6～7cmのひと回り小さなミノーに反応を示すサクラマスがいる。小粒でも充分に飛距離を稼げるものを用意したいところだ。

12 釣れる時間帯を考える。

日中もチャンスあり

サクラマスに限らず釣りの好機は、何と言っても朝夕のマヅメ時にある。とりわけ朝マヅメに関しては、ひと晩かけて昨日のプレッシャーが薄まっているタイミングだから、1日のなかでも最大のチャンス。魚が溜まっているポイントはもちろんのこと、下から動いてきた魚が付く可能性がある場所を一発目に叩ければ、ヒットの期待は非常に大きい。ここぞと思うポイントがある時は、ぜひ朝マヅメにねらいたいところだ。

ということで、マヅメ時はサクラマスをねらう上で外せない好機と言えるのだが、かといってマヅメ以外の時間にヒットの可能性が全くないわけではない。場合によっては、むしろ日中にサクラがヒットする状況もあり、そうしたセカンドチャンスを意識して川を歩くことが魚との出会いを広げるコツでもある。

どのフィールドにも釣り人が集中する大場所があるが、そうした激選区こそ、あらためて日中にねらってみたいポイントだ。たくさんの魚をストックしている人気ポイントの朝マヅメは、たいへん混雑する。週末ともなれば夜が明ける前から河原に立つ釣り人も珍しくないだろうし、朝早くから誰もが熱心にサオを振る。しかし、人間の集中力には限りがあるので、どんなに気合の入った釣り人でも朝マヅメのテンションを1日中キープするのは不可能だ。時間が経過するにつれ、ひとり減り、ふたり減りし、昼が近づく頃には朝マヅメの混雑が嘘だったかのような静けさに見舞われることが、けっこう多いはず。ねらい目は、その時だ。

それまで激しいフィッシングプレッシャーにさらされていたサクラマスたちには、どうもそこから解放されることで、フッと気を緩める傾向があるらしい。周囲にほとんど釣り人がいないぽっかり空いた日中の時間帯に、突然ルアーを襲う魚がいるのは紛れもない事実。季節やフィールドにもよるが、午前11時〜午後2時頃までのマヅメから最も遠い時間に、意外なチャンスタイムがある。スタートが遅れてマヅメを逃してしまった時は、あえて時間をずらして釣行してみるのも面白いだろう。

夕マヅメの期待値

朝マヅメに比べると、夕マヅメは期待値が若干落ちると感じている釣り人は多いはずだ。しかし、それでもマヅメはマヅメ。夕方になって日が暮れかかる頃になって、ようやく警戒心が薄れるのか活性を高めるサクラマスはたしかにいるから、夕マヅメがチャンスタイムであることに変わりはない。1日の釣りを通じて、期待値が高く感じられるポイントがあれば、夕マヅメはそこに賭けたいし、どこかのポイントで魚をバラしていた時は、あえて時間をあけて夕マヅメに再アタックしてみるのもおすすめ。最後の貴重なチャンスを、ぜひ有効に利用したいところだ。

ちなみに、バラしたポイントをもう一度釣る場合、同じ魚が再びヒットするかについては、あまり期待はできないかもしれない。が、そこが少なくとも魚が定位する条件を満たした、その日のサクラマスにとって居心地のいい場所であることは間違いないわけだから、活性の高い新たな魚が付いている可能性は大いにある。数尾の群れが溜まっていれば、先ほどとは異なる1尾が反応することも考えられるし、やはりねらってみる価値は充分にあると言えるはずだ。先ほどと同じ釣りが基本だが、目先を変える意味でルアーのタイプや色を変えてみるのもいいだろう。

すっかり日の上がった正午のヒット劇。それまでプレッシャーを感じていた魚が、釣り人が減ると開放的になりルアーを追うことがある。エアポケットの時間帯にチャンスがあるのだ。

こちらは夕マヅメの1尾。そろそろ日が沈もうかという頃、何度もとおしたトレースラインでついにヒットした。

13 河川ごとの特徴を知る。

フィールドは十川十色

同書では便宜上、ここまでサクラマスのフィールドを河口、下流、中流とざっくり分けて解説しているけれど、実際には下流といっても他河川の中流規模のフィールドもあれば、そのまた逆でとにかく広大な中流を持つフィールドもある。河川によってその特徴は「十川十色」であり、けっきょくのところは自分の足を運ぶ川をよく知ることが重要だ。

シーズンについても川によってその内実はさまざまで、たとえば山形県の最上川本流などは、県内各地の山々から大量の雪解け水が流れ込むため、本格的な雪代が始まってしまえば、もう残りのシーズン中はずっと増水と濁りに悩まされることになる。春の訪れが早く、なおかつ冬季間の降雪の多かった年は実質、雪代が出る前のわずかな期間しか釣りにならない場合も考えられる。釣行を計画している人は早めに釣果情報を集めておきたいところだ。

岩手県沿岸には流程の短い単独河川が多く、そこにも立派なサクラマスが帰ってくる。こうした中規模河川は、魚が中流域まで入ってくるのもあっという間だが、そのチャンスも短いのが特徴だ。全体的にポイント規模が小さいうえに水がクリアな川が多いため、活性の高い魚は早い者勝ちでどんどん釣られることになるし、釣れ残った魚はすぐにスレて

同じサクラマスを釣るのでも、そのアプローチとタクティクスは河川によって違ってくる。川に通い、自分のホームリバーの特徴を知ることで、サクラマスの動きと好機が少しずつ読めるようになるはずだ。

秋田県米代川本流。河口から35km以上も離れた流域でも、まだこの川幅。ひとつひとつのポイントが大きいため、効率のいい川歩きが求められることが多い。

岩手県閉伊川。北東北太平洋側の単独中規模河川では、本流といってもほとんど「渓流の本流域」を思わせる川幅、雰囲気での釣りになる。流程も短いので、一晩で状況が一変することがある。

富山県神通川。大ぶりの底石がゴロゴロと入った長いストレートの瀬を釣り下る、ダイナミックなサクラマス釣りが楽しめるフィールドだ。

石川県手取川。上流ダムの放水の度合いによって、水量が大きく左右されるフィールドだ。大型のサクラマスが帰ってくるフィールドとしても知られる。

しまう。とはいえ、サクラマスがソ上するタイミングにぴったりはまると、前日までもぬけの殻だった川が魚で溢れていることもあり、沖に群れさえいれば常に大釣りの可能性を秘めているところが、中規模河川ならではの魅力とも言える。

こういうフィールドでは水が動くたびにチャンスがあるので、こまめに足を運んでみるといいだろう。また、岩手県沿岸の川は雨などで増水しても比較的にすぐに平水に戻るため、それを計算して釣行予定を立てたほうがいい。急いで駆けつけないと、すでに祭りが終わっていることも多いのだ。もちろん、フレッシュランの賑わいが落ち着いた後も充分にチャンスはある。魚が散っている早瀬に活性を維持している個体もけっこういるので、テンポのいい釣りで広くフィールドを探ってみたい。

14 ビギナーズラックを考える。

本当にただの幸運なのか?

サクラマス釣りにビギナーズラックがあると感じているアングラーは、結構いるのではないだろうか? 天候や魚のソ上量、当日のポイントの空き具合など、1尾の釣果には程度の差こそあれ「運」の要素が必ず関わってくるものだから、たしかに入門者の中に一定数の幸運に恵まれたアングラーがいても、それほどおかしな話ではない。実際、ファーストヒットまで何シーズンもかかる苦労人がいる一方で、入門したばかりのアングラーが初年度から連続して魚を掛けるということもまた、サクラマス釣りでは意外と多いのだ。

しかし、サクラマスのようなそう簡単には釣れない魚がたくさん釣れているとなれば、そこには少なからず運以外の要素が関係しているはず。ここではビギナーズラックの内実を、一歩踏み込んで考えてみたいと思う。入門者の好調を単なるラッキーで片付けていいのかというと、そうとも言い切れないところが、サクラマス釣りの奥深さ。とりわけ何シーズンかこの釣りを経験し、ちょっとした壁にぶつかっているアングラーにとっては、初心者だった頃を振り返ることで現状打破のヒントが得られることもあるのだ。

釣れた感覚を追い求める

1尾、2尾とヒットが連続するタイプの「ビギナーズラック」については、最初に手にしたサクラマスの衝撃の深さが関係していると考えられる。「本当に釣れるのか?」「一体、どうやったら釣れるのか?」と、いまひとつ確信が得られないまま手探りでロッドを振っている初心者にとって、ついにネットにすくうことができた1尾は、まさに捜し求めていた答えそのものだ。実際のところ他にも「答え」はさまざまにあり、経験を積むうちに逆に釣りの迷いを生んでしまう場合も往々にしてあるわけなのだが、ともかく今は唯一の正解しか手持ちの札がない状態。1尾がヒットしたリトリーブ速度やトレース角度、とりわけルアーに掛かっていた水圧を忠実に再現することに、ファーストヒットを経験したアングラーがしばらく集中することになるのは自然な流れだろう。

　手もとに残る「釣れた時の感覚」をひたすら追い求めることのメリットは、その時、その状況でサクラマスが定位している流速・レンジに再びルアーが入りやすくなることだ。そのいわゆる適水勢（サクラマスにとって居心地のいい、定位するのに適した流速）に再びルアーが入れば、ヒットチャンスは自ずと高まるはずだし、最初は反応がなかったとしても、繰り返し丹念に探っているうちに魚が焦れてバイトしてくることは、大いにあり得る。魚の居場所を地道に探り続ける釣りが、結果に繋がる。すると、さらに自信を持ってその釣りをやり切ることができるようになるから、またどこかで魚に出会う。その好循環が傍目にはビギナーズラックに映るのではないだろうか。

　どんなにトゥイッチなどのルアー操作やキャストが上達しても、魚がいるところまでルアーが届いていなければ結果は出ないものだ。そもそも追い気の薄いサクラマスをねらうにあたっては、こちらから相手に近づくことが何より重要。初心者だった頃の、あの「釣れた時の感覚」をひたすら再現する釣りを思い出してみると、どこかで高活性の1尾に出会えるはずである。

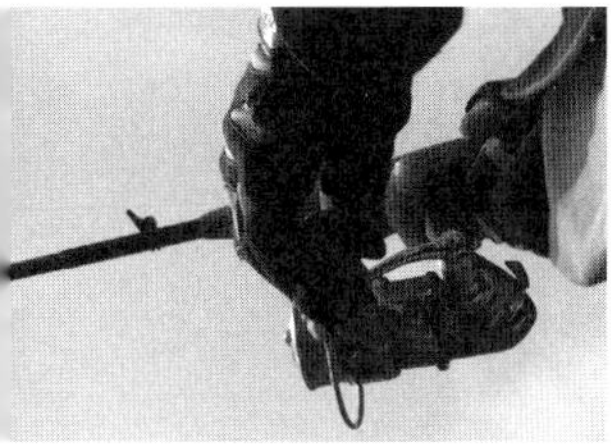

サクラマスがヒットする直前の手応えを探りながら釣りをしていると、再びルアーが魚の活性層に入っていくことがある。入門者らしいていねいな釣りが「ビギナーズラック」を呼んでいるとも言えるのだ。

強引でもバレにくい理由

　ビギナーズラックは、時にヒットしたサクラマスのバレにくさとして現れることもある。相手を弱らせることなく力任せにグイグイと手元に寄せてしまい、ネットインの際にドタバタと大暴れされているにもかかわらず、けっきょくフックアウトすることなくランディングに至る光景を目撃した経験のあるアングラーは少なくないはずだ。同じような水際の攻防で、サクラを取り逃がしたことのある釣り人から見れば、まさしく幸運。しかし、これもまた単なるラッキーに過ぎないのかというと、そうとも言い切れなかったりするから、釣りという遊びは面白い。

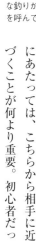

さすがにバレてしまうだろうと感じるほどの大暴れでもフックが外れないのは、魚の口にフックがしっかり掛かっていることの証。つまり、その1尾がヒットするまで、魚が深くルアーを食い込む釣りを釣り人が実践していたということだ。

　では、それは一体どんな釣りなのか？　カウンターのフッキングでカンヌキに掛ける釣りを、入門したてのアングラーが意識的に行なうのはなかなか難しいから、ここではバイトを深めた理由は他にあると考えたいところである。ビギナーらしい柔軟な発想で、人と違うタイプのルアーを使っていたのか、それとも誰も手を出さないサオ抜けのポイントを釣っていたのか。可能性はいろいろあるけれど、なかでも有力と考えられるのは「リトリーブスピードが速かった」ということだろう。

　たとえばルアーフィッシングそのものの入門者の場合、水中のルアーを動かす意識が強いあまり、どうしてもリトリーブスピードが速くなりがちだ。必要以上の速巻きは時にせっかくのヒットチャンスを逸することにもなるわけだが、その一方では手返しを早めるメリットもある。シーズン初期のフレッシュランをねらっている時などは、手返しよくキャストを重ねることで高活性の魚に出会うチャンスは必ず増えるはず。リトリーブスピードの速さが、がっぷりルアーをくわえる、ヤル気のある魚を誘い込んでいるとも言えるのだ。

　さらに、速いリトリーブはそもそも追い気の薄い魚はルアーにアタックできないため、そうしたバイトの浅い魚をふるいにかける釣りでもある。ヒットしたら、相手はがっぷり食ってくる。だから、バレないこともあるのではないだろうか。もちろん、追い気の薄い魚がノーチャンスになる釣りは、トータル的に見てベストな選択ではないけれど、それでも食ってくる魚がいるのは事実だ。経験を重ねるうちに自分の釣りスタイルは徐々に固まっていくものだが、それがかえって足かせになってしまう状況が珍しくないのが、サクラマス釣りの世界。入門者、ベテランを問わず、時には自分以外の釣りを取り入れてみる柔軟さも必要になることを覚えておくといいだろう。

ヒットには必ず理由がある。スランプを感じている時は、それまでに手にしてきた魚たちの釣れた理由をあらためて考えてみると、考えが整理されて気持ちを切り替えられることがある。周囲でヒットしている釣り人がいれば、その理由も想像してみると釣りの引き出しが増えていくはずだ。

G
湖のサクラマス釣り、陸封型をねらう。

湖を仮想の「海」と見立てて大型化したギンケヤマメが陸封型サクラマスだ。河川のサクラマスと違って、湖の陸封型サクラマスは積極的に小魚を追い回すフィッシュイーター。その生態から基本のねらい方、ポイントの考え方を解説したい。

LAND LOCKED

1 陸封サクラマスの生態と特徴。

湖沼型の生態

現在、「サクラマス釣り」というとリバーフィールドでの釣りがすっかりポピュラーになっているが、1970年代から銀山湖などでは大イワナとともに湖沼型サクラマスが盛んに釣られていたこともあるし、ベテランのなかにはむしろレイクフィールドでの釣りに親しみを感じているアングラーも多いのではないだろうか。もちろん、今でも湖沼のサクラマスは人気の釣りで、北海道から本州各地のさまざまな湖沼で楽しまれている。

湖沼のサクラマスとは、ダム湖や天然湖を仮想の「海」と見立ててスモルト化し、大きく育った個体群のことだ。「陸封サクラマス」や「ランドロックサクラマス」などと呼ばれ、河川で釣れるサクラマスよりもひとまわり小さい40cm前後がアベレージとなる釣り場が多い。なかには外洋を回遊した魚と比べてもまったく遜色ないほど大型化するフィールドもあり、サクラフリークたちを熱くさせている。

洞爺湖や銀山湖など、陸封サクラマスの人気フィールドは全国各地にいくつかあるが、ダム湖や天然湖に流れ込む河川上流にヤマメが生息していさえいれば、もちろん魚の多少にそれぞれ差はあるとはいえ、どのフィールドでも陸封タイプのサクラマスがヒットする可能性はある。釣期は各地の遊漁規則によるが、結氷する湖であれば、解氷から水温が高まる梅雨頃までがひとつのシーズンだ。水温が上昇してしまうと、岸からのキャスティングでねらうには飛距離の面で難しくなることが多い。

陸封サクラはエサを食べる

湖沼のサクラマスと河川のサクラマスとの大きな違いは、陸封タイプのサクラマスはエサを捕食している

G 湖のサクラマス釣り、陸封型をねらう。

という点だ。朝マヅメのプライムタイムには、岸際に寄ったワカサギをねらったサクラマスが、水面をボコボコと沸騰させている光景も湖沼の釣りなら珍しくない。春〜初夏シーズンの陸封サクラマスの生態は、むしろ「外洋生活期のサクラマス」に近いと考えていいだろう。フィールド規模が巨大なわりに射程範囲が限られるため、決して簡単な釣りではないのだけれど、少なくとも盛んにベイトを追っている魚をねらうわけだから、相手の活性状況に大きく左右される河川の釣りよりも作戦は立てやすいとも言える。釣り場に通ってデータを蓄積するにつれて、どんどん釣りの精度が高まるのが湖沼の釣りだ。

陸封サクラマスは、淡水に馴染んだサクラマスと違ってウロコがもろく、まさにフレッシュな魚が釣れるところも特徴。鮮やかなグリーンバック、ブルーバックの美しい1尾がねらえる。

ランドロックタイプのアベレージサイズは40cmほど。
しかしフィールドによってはもっと大型が期待できる。

陸封タイプの川にソ上してきたサクラマスとの大きな違いは、ふつう釣期と重なるシーズン中はエサを捕食するということ。ワカサギなどのベイトフィッシュを盛んに追っている。

湖を海と見立てて「降海」し、ベイトを食べて大型化する。湖に流入する沢にヤマメが生息していれば、どこでも陸封タイプのサクラマスが釣れる可能性はある。

2 ワカサギがいるところ、それが即ちポイントだ。

湖ではワカサギが鍵を握る

陸封タイプのサクラマスは、エサを食べる。つまり、基本的にベイトフィッシュを追って行動しているフィッシュイーターなので、小魚がいるところがねらうべきポイントだ。ソ上途中の魚が足止めされる場所や、増水後の高活性の魚が付く流れを捜していた川の釣りとはずいぶん感じが違うけれど、ルアーフィッシングの世界全般でいえばこちらのほうが主流と言えるだろう。

湖沼に生息するベイトッフィシュとしては、ワカサギ、ウグイ、その他マス類の稚魚といったところが一般的。なかでも代表的なベイトがワカサギで、天然湖でもダム湖でも、そこに放流されてさえいれば（または放流の実績があり、天然繁殖していれば）ワカサギがトラウトたちの格好のターゲットになっている場合がほとんどだ。ワカサギは湖中のプランクトンを捕食しているため、湖流が複雑に動きプランクトンが発生しやすくなる岬地形などに集まりやすく、そうしたワカサギの溜まり場を捜すことが、本命の居場所を探るよりも湖沼の釣りでは待望の1尾に辿り着く近道になる。

サクラマスの居場所を捜すよりも、ベイトフィッシュの居場所を捜したほうが結果的に魚に出会う確率は高まりやすい。サクラマスがベイトを追っている気配も見逃さないようにしよう。

◎湖のポイントの考え方

サクラマスの動きは基本的にベイトとなる小魚に左右される。岬の先端付近のような湖流に動きのあるエリアにはワカサギがたまりやすく、そうした周辺の「エサ場」をブレイクラインに沿って回遊しているイメージだ。ワカサギは産卵を意識すると流入河川の周辺に集まってくるので、その時期になるとサクラマスも流れ込みの近くまで大胆に寄ってくるようになる。何れにしてもブレイクラインが回遊ルートになっていることが考えられるので、ベイトがいるエリアに近いブレイクを釣ることを意識したい。また、湖の場合はよほどの天変地異がない限り、湖底や湖岸の構成が変化することがないため、実績ポイントが固定化しやすい。いい場所には、常に魚が回ってくることが多い。

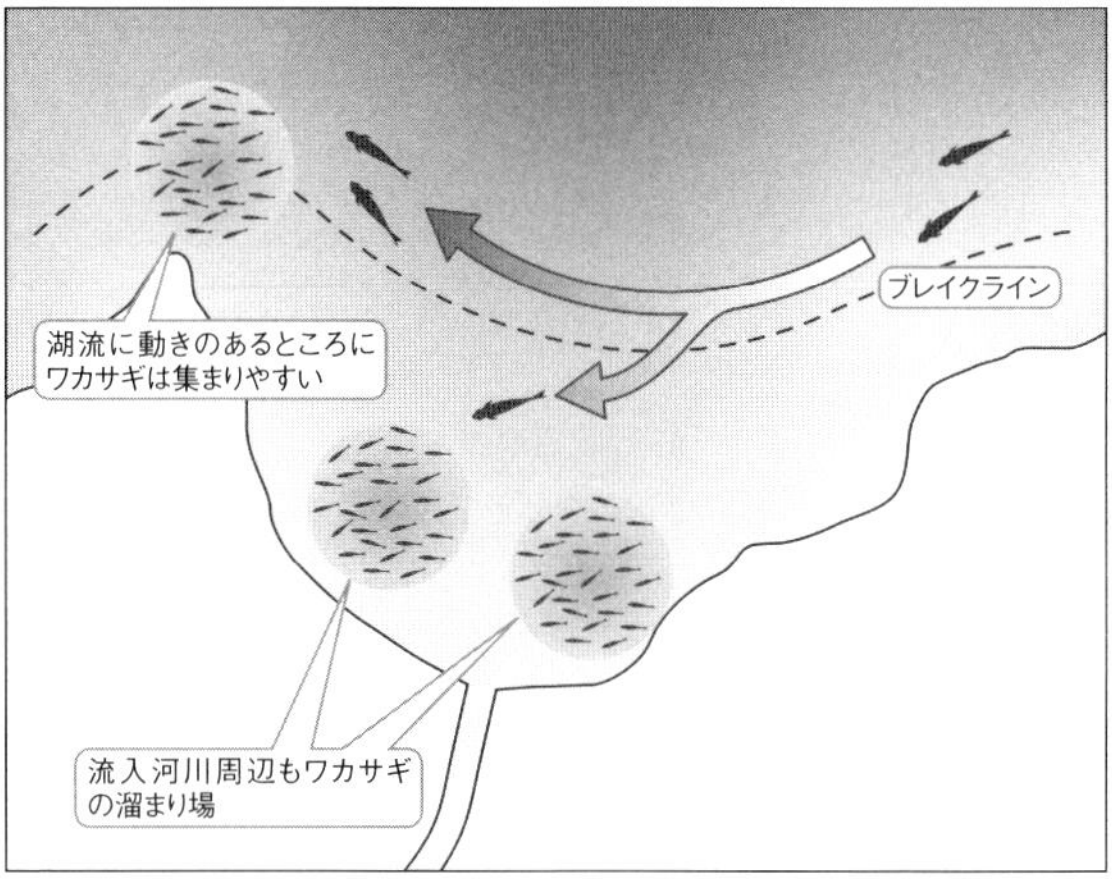
ブレイクライン
湖流に動きのあるところにワカサギは集まりやすい
流入河川周辺もワカサギの溜まり場

ワカサギの居場所がもっとも分かりやすくなるのは、産卵行動に入る季節だ。そのフィールドと地域によっても前後するけれど、4月中下旬〜6月上旬にかけてが彼らのおもな産卵時期。湖に放流されたワカサギの場合はその流入河川が産卵場所になっていることが多く、春を迎えて湖の水温が高まり産卵を意識するようになると、大挙して岸の流れ込み周囲に集まってくる。サクラマスを始めとするフィッシュイーターもベイトに引き寄せられて岸に近づくため、岸からのキャスティングゲームで、もっともヒットの期待が高まるタイミングだ。水温的にもこの時期にベストシーズンの1つを迎える湖は多い。

ブレイクラインを釣る

湖沼サクラマスのポイントを絞り込む際は、ブレイクラインの位置も注目すべきところだ。ワカサギが流入河川の周囲に接岸している状況でも、警戒心の高いサクラマスたちがシャローエリアに常駐していることはまず考えられない。ディープエリアとシャローエリアを行き来しながら、マヅメ時などのフィーディングタイムにワカサギを追っているはず。ディープエリアとシャローエリアの境目となるブレイクラインが射程範囲にあれば、捕食モードの魚に出会う確率がグンと高まるのだ。

ワンドのようなシャローエリアに続くブレイクラインはサクラマスの通り道になっていることも多く、マヅメを外した時間帯に回遊待ちをするのにも適している。湖の釣りに慣れていない場合は、まずディープエリアとシャローエリアが隣り合っているポイントを探してみるといいだろう。

3 湖の釣りにおける好機とは？

川と湖の根本的な違い

シーズンが深まりサクラマスがフィールド全体に行き渡るようになると、川では「そこにいる魚をどうやってヒットさせるか？」という釣りになることが多い。とりあえずそのポイントにサクラマスが潜んでいることが前提。なかなか口を使わない相手に対し、あの手この手で捕食スイッチを刺激するというわけだ。

一方、湖の釣りはというと、ルアーが届く範囲に魚がいることのほうが、きっと稀だろう。川の釣りと違って、ルアーの射程範囲内にサクラマスの群れが定位するスポットがある状況は、まず考えられない。そのため湖の釣りの好機とは、魚が岸に近づいてくるタイミングのことを指す場合がほとんどだ。ベイトを追って岸際に寄っている個体はそもそも食い気があり、それなりに活性も維持しているはずなので、「魚が寄っている＝ルアーが届く」のほかに「魚が寄っている＝活性が高く釣りやすい」とも考えることが可能だ。

警戒心を解き放つ要素

フィールドを問わず朝夕のマヅメ時はトラウトフィッシングの好機だが、湖では魚がルアーの射程範囲に入るかどうかに関わっているため、とりわけマヅメ時の重要性が高くなる。マヅメ時を外してしまうと、ポイントによってはサクラマスが岸に近づいてくれないこともあるので、朝マヅメをねらうなら夜明けと同時に釣りが開始できるように早めに身支度を整えて、湖岸に立っていることを心がけたい。ひと晩かけてプレッシャーがリセットされる朝マヅメはもちろんいいが、湖の釣りでは夕マヅメもチャンスが大きい。

マヅメ時にサクラマスが岸に寄ってくるのは、おそらく光量の関係。

G 湖のサクラマス釣り、陸封型をねらう。

まったく風がなく、鏡のように湖面が静まり返っている時は魚がルアーの射程範囲まで近づきにくい。それでもベイトさえ岸に寄っていれば回遊してくる可能性はある。

湖の釣りで風は大歓迎の要素。ざわざわと湖面が波立つほどサクラマスが警戒心を解き放ち岸に近づいてくる。向かい風だと釣りにくいが、こんな時は黙ってキープキャストだ。

吹き付ける風の力で水が動き、湖底がかく拌されて岸際が濁ることがある。ベイトフィッシュが風で岸際に寄せられていると、この濁りに紛れてサクラマスもまた寄ってくることが期待できる。

朝マヅメはフィッシュイーターの捕食タイム。ベイトを追って湖面をボコボコと沸騰させている光景を間近に目撃できるタイミングだ。風がない日でも、マヅメ時ならチャンスがある。

薄暗がりのなかだと警戒心が和らぐため、ベイトを盛んに追うようになるのだろう。その意味で、「風」はフィッシュイーターの警戒心を解く重要ファクターだ。風が強く吹き付けて湖面が荒く波立っているような状況は、湖の釣りでは大歓迎。鏡のように湖面が凪いでいる状況は魚の寄りが悪く、荒れているほど魚は警戒を解き放ち岸際のベイトを盛んに追うようになる。

強く向かい風が吹き付ける湖水が手前に動き、それにつられてベイトがさらに岸際に集まってくる。さらにシャローの湖底が波にあおられて濁りを生み、フィッシュイーターにとってはベイトを捕食する格好の隠れ蓑になることもある。向かい風だとルアーが飛ばないので釣りにくいが、魚が近くに寄ってきていると考えて、集中してポイントに臨みたいところだ。

4 ランドロックをねらう、2つの道具立て。

アベレージ40cmのタックル

本州の陸封サクラマスのアベレージサイズは40cm前後。なかには50cmクラスがねらえるフィールドもあるが、基本的に超大型は望めない。そこで使用するタックルについても、本流で使われるものに比べて若干、ライトになるのが一般的だ。

ロッドの長さは7ftクラスが主流。8ft前後のロッドもよく使われているが、湖の釣りではすぐ背後にブッシュが迫っていることも多く、あまり長すぎると枝に当たってしまうため、取り回し優先のショートレングスのほうが好まれる傾向にある。ラインに関してはナイロンなら8lbを基準に、小さめのミノーを多用する時は6lbまで落としてみるのもいいだろう。ルアーはスプーン10～14gをメインに、7～8cmのシンキングミノーを用意しておきたい。群れが離れた時のための小型のジグや、ジグミノーなどまで用意できると万全だ。

ちなみに、東北地方の湖沼ではサクラマスをメインターゲットに据えて釣行できるので、以上の道具立てがバランスがいいのだが、より大きなトラウトがヒットする可能性があるフィールドでは、大きな魚に合わせた道具立てがベター。トラウトによって好む付き場や生態に違いはあるとはいえ、そうそう釣り分けることはできないものだ。大型がヒットしても充分にやり取りできるタックルを準備しておけば、望外の1尾を取り逃がして後悔することもない。

大型ランドロックねらい

アベレージサイズが50cmを超え、60cmオーバーの大型が現実的にねら

40cmアベレージの東北地方の陸封サクラマスをねらうなら、より引き味を楽しむためのグラスロッドも面白い。なかにはベイトリールと組み合わせる、こだわりのアングラーも。

陸封サクラマスの大型。このサイズの魚がねらえるフィールドでは、本流サクラマス釣りのパワフルな道具立てをそのまま流用したいところだ。

えるフィールドでは、本流サクラマスのメインタックルをそのまま流用できる。ロッドは長さ8ftクラスで、10～20gのルアーをストレスなくキャストできるもの。とはいえ、こちらも背後に木の枝が迫り出している状況が多いことに変わりはないので、長すぎるロッドは取り回しが悪い。

ラインはナイロンならメインライン8lbで、16～20lbリーダーをセットするシステムが標準的なところだろう。本流の釣りよりも使用ルアーのウエイトが全体的に軽くなるので、PEラインに大きなアドバンテージを感じる場面も多いのも湖の釣りの特徴。PEラインを使うなら、0・8～1号にショックリーダー16～20lbのシステムで臨んでみよう。準備しておきたいルアーは、スプーン10～20g、ジグミノー8～10㎝、ミノー9～12㎝といったところ。魚が回遊してくるのを待つ釣りになることが多いので、飛距離が稼げるルアーをメインに揃えておきたいところだ。

ナイロンのラインシステムで臨む場合は、手間を考えると直結のほうが簡単なのだが、湖の釣りでは群れが離れた時に重いルアーを遠投したいことも珍しくないので、振り切れを防ぐためにもリーダーはあったほうが安心。特にスナップを使う場合はどうしてもノットが古くなり、結び目に疲労が蓄積しがちだ。キャストのインパクトでブレイクしてしまうことがないように、あらかじめリーダーで結び目を強化しておこう。

右）満水に近い状態の湖ではウエーディングする場所が限られる。木々の間からの釣りになることもあるので、あまり長いものは使いにくい。取り回しのいい長さを選ぼう。左）レイクフィールドでは、サクラマス以外にどんな大ものがヒットするかわからない。モンスターの可能性のある湖ではタックルパワーを落としすぎないようにしたい。

5 スプーンの釣り、ミノーの釣り。

8〜14gのスプーンが主力

フィールド規模の広大な湖では、とにかくルアーがある程度の飛距離を稼いでくれなければ勝負にならない場面が少なくない。その点、シルエットが薄くシンプルにできていて、なおかつコンパクトなボリュームでも充分なウエイトを持つスプーンは、湖の釣りに最適なルアーだ。ミノーやジグミノー、メタルジグなども必要になる状況はあるけれど、スプーンをメインに釣りを考えておけばほとんどの状況をカバーできるはず。スローに引けて、そしてまたフォーリングでも誘えるスプーンは陸封サクラマスの釣にぴったりだ。

スプーンの使い方は、釣り座から扇状にキャストし、トレースレンジを変えて探る釣りが基本だ。まずは表層をサーチし、それで反応がないようならカウントダウンでレンジを下層へ。最終的にはボトムまで落とし込んで底近辺を探る。

下手にアクションを付けるよりも、タダ引きで誘う釣りに徹すると結果が出ることが多い。朝マヅメなどのチャンスタイムはサクラマスがベイトを追いかけていることが期待できるので、活性の高い魚を拾う感覚でリトリーブスピード若干速めてみるのもいいだろう。スプーンのウエイトは8〜14gをメインに、18gあたりまで。スローにトレースしたい時は軽いものを、速く引きたい時や飛距離がほしい状況では重いものをセレクトする。

ミノーの速引きも効果的

陸封サクラマスのメインベイトは、ワカサギなどの小魚。となれば、もちろんミノープラグも必携ルアーだ。スプーンと違って、表〜中層でヨタヨタと弱った動きを演出したり、あるいはベイトフィッシュのいるレンジやスポットで、デッドスローで漂

湖の釣りで主力になるのは飛距離が稼げて、なおかつレンジの上げ下げが簡単なスプーン。ウエイトは8～14gをメインに、18gあたりまでそろえておけば万全。

沖で魚がボイルしている時などに遠投できる小型ジグミノーもあると重宝する。ミノーは7～9cm。止水でもしっかり泳ぎ、なおかつ速引きできるバランスのいいものを選びたい。

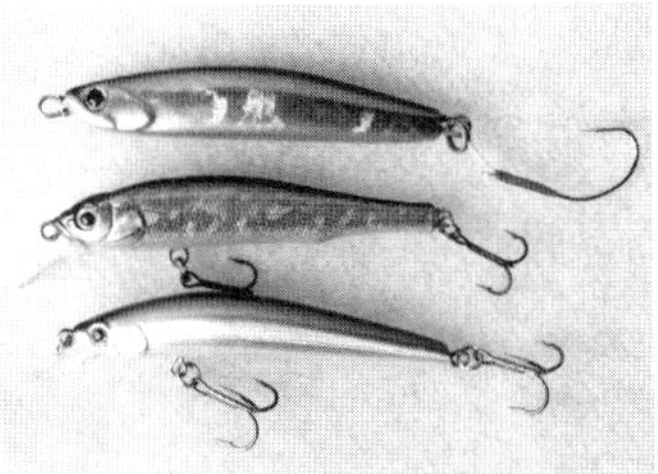

わせたりする釣りも浮力のあるミノープラグなら難しくない。スプーンのタダ引きではヒットしない魚を、トゥイッチやジャークを織り交ぜたトリッキーな動きで刺激できるところもミノーの大きなメリットだ。そのフィールドのベイトサイズにもよるが、7～9cmの間でなるべく飛ぶものを用意しておくといいだろう。

ミノープラグは、スプーンよりもずっとファーストリトリーブしやすいルアー。特にプレッシャーの高い釣り場では、その特徴を活かした速引きの釣りに、岸際に寄ってきたサクラマスがヒットすることが、けっこう多い。この速引きの釣りはマヅメ時を過ぎた日中でも効果的で、魚の気配が遠のいたと感じた時はミノーを速引きしてみると結果が出ることがある。ポカポカとした日中のスローな釣りは、どうしても集中力が途切れがちだ。気分転換する意味でも、ミノーの速引きの釣りはオススメだと言える。

スプーンにヒットしたランドロックのサクラマス。とりあえずスプーンさえあれば、湖では充分に勝負できる。軽いものから重いものまで各ウエイトをひととおり揃えておくと、大抵の状況をカバーできるはずだ。

6 回遊ルートと時合いについて。

回遊ルートを捜す

　サクラマスの警戒心を和らげるマヅメ時は湖の釣りの絶好機だが、それ以外のタイミングでも魚は岸近くに寄ってくることがある。マヅメ時のようにブレイクラインを越えて岸に近づく大胆さはないとはいえ、シャローに近づいてさえくれれば、チャンスは大。そうした魚の回遊を効率よく待ち構える釣りも、湖では大切だ。

　魚が回遊するルートは湖流の動きや、その日の風向きなどでも変わってくるはずだが、基本的にはベイトフィッシュを捕食する餌場（シャローエリア）と、彼らにとって居心地のいい付き場（ディープエリア）をおもにブレイクラインに沿って行き来していると考えられている。そのため魚の回遊を待つ場合には、ルアーの射程範囲内にブレイクラインがあるポイントを選ばなければいけない。予備知識のない釣り場では、沖に突き出た水どおしのいい岬地形や、ワンドの出口付近を中心にブレイクを捜してみるといいだろう。

　ふつうブレイクラインは湖岸の形状に沿っていることが多いので、そこをタイトに釣ろうとすると岸と平行気味にルアーをトレースすることになる。広大な湖を前にして岸沿いを釣り続けるのは意外と勇気のいるものなのだが、ホームフィールドを知り尽くしたベテランのなかには、徹底してブレイクラインを釣るアングラーもけっこう多い。いつ回ってくるとも分からない魚を待ち構えるためには、手返しよく同じラインにキャストを続ける必要があるのだ。「ここに魚が来る」という確信がないとできない釣りだが、ヒットの実績があるブレイクがある時はそこを集

ポイントと時期によってはサクラマスの回遊パターンが決まっていることがある。魚が寄ってくるタイミグが予測できれば、集中力も持続しやすい。

中して釣ってみるのもいいだろう。その際はあまりルアーを沈めず、着水したらすぐにリトリーブ。ポイントの水深にもよるが、基本は手返し重視で探りたいところだ。

時合いを読む

湖の釣りで面白いのは、「釣れる時間がある」ということだ。そのフィールドに通いデータを蓄積してきたアングラーのなかには、かなり具体的なタイミングを予測している人もいて、「この季節は2時間おきにチャンスがある」「10時、13時、15時が好機だ」という具合に、魚の回遊パターンを把握していることがある。もちろん自然相手の遊びだから精度はざっくりしたものではあるけれど、それでもひとつのヒントもなくロッドを振り続ける釣りよりは、ずっと効率のいい釣りが可能だ。

ルアーの射程範囲に魚が回ってくる大体の時間が予測できれば、釣りの集中力が持続するだけでなく、場を休めたり、あるいはポイントを見切る際の判断にも迷わなくなる。そこで、これからランドロックのサクラマス釣りを始めようとするアングラーには、タックル以外にメモ類を携行することをオススメしたい。ヒットした日時、ヒットルアーなどを書き溜めておくことで、そのフィールドのパターンが少しずつ掴めるようになるはずだ。

回遊ルートが把握できれば、広大な湖で精度の高い釣りができるようになる。ヒットデータを記録していくことで魚の回遊パターンが見えてくるはずだ。

◎より長くブレイクラインでルアーをアピールさせる

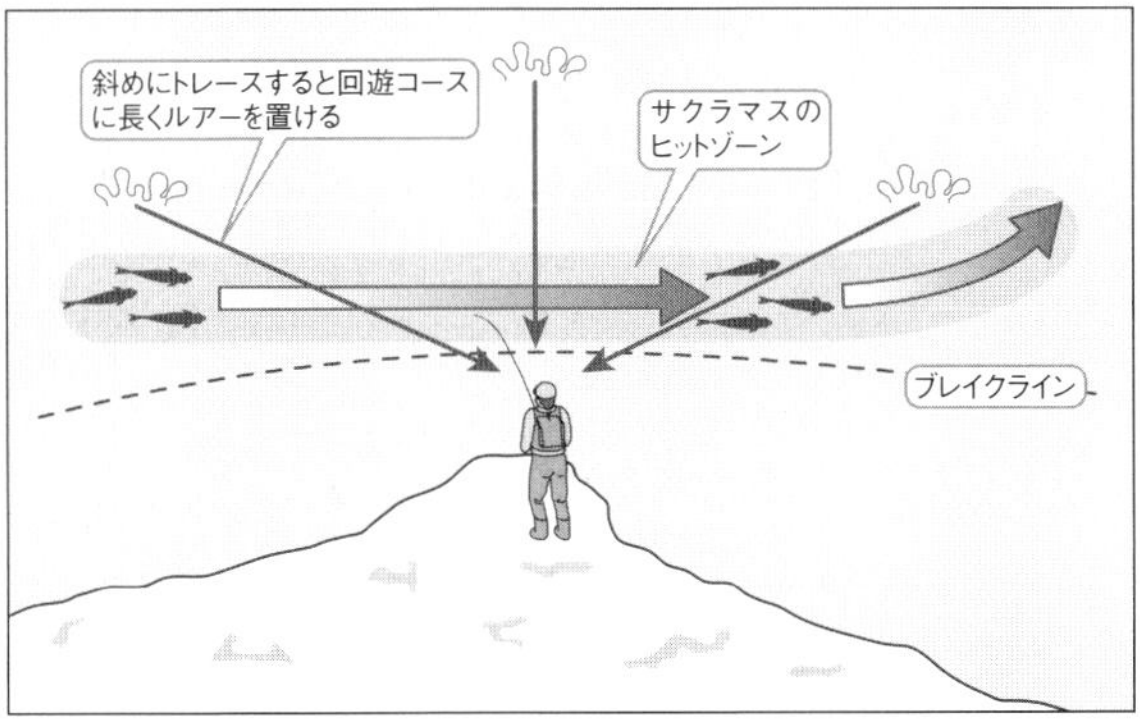

サクラマスが回遊しているブレイクラインがはっきりしている時は、岸と平行気味にキャストしてより長く魚の回遊ルートにルアーがある釣りを徹底すると結果が出ることがある。湖のような広いフィールドでは沖に向かって遠投したくなるものだが、魚が手前のブレイクラインを回遊している状況では沖に投げるだけ、魚にルアーをアピールできない時間が増えるもの。岸と平行に投げたほうがロスが少なく、さらにカウントダウンをほとんどせず手返しよくキャストを重ねることで、魚が回ってきた時にルアーと出会う確率が高められるのだ。

COLUMN

洞爺湖の大型陸封サクラマス

北海道では基本的に河川にソ上してきた鮭鱒を釣ることが許されていないため、陸封タイプのランドロックサクラをねらう釣りが盛んだ。なかでも洞爺湖は人気のフィールドで、外洋を回遊してきたものとほとんど変わらないサイズ、太さの陸封サクラマスがねらえる。釣期は12～3月、6～8月の2シーズン。ワカサギの産卵が重なる6月解禁の初夏シーズンが面白い釣り場である。

なぜ洞爺湖の陸封サクラマスは大型が多いのか？ ふつうのサクラマスよりも長生きしているというわけでもないだろうし、同じ一生のなかで捕食できるベイトの数に理由があるはずだ。洞爺湖ではサクラマスだけでなくヒメマスも大きく育つことで知られており、時に50㎝に迫る個体が釣れることもある。プランクトンを捕食するヒメマスが巨大化するということは、つまり湖の栄養が豊富であるということ。同じくプランクトンを主食にするワカサギにとっても暮らしやすいはずだから、そうしたベイトの豊富さがサクラマスを大きく育てているのだろう。過去には70オーバーが釣れたこともある、非常に夢のあるフィールドだ。ここ数年は大型のアメマスも釣り人たちを熱くさせている。

洞爺湖でよく使われているルアーは、10～14gをメインに18gまでのスプーン。20g～1oz程度のジグミノー、それと9㎝前後のミノーだ。なかでもスプーンに高い実績があり、アカキンを使っている釣り人を見かけることが多い。ナブラが沖で起こり、なかなか岸際に寄ってこないようであれば、ジグミノーを遠投して探ることができるといいだろう。

ラインはナイロンならメインライン8～10lbで、16～20lbリーダーをセットするシステムが標準的。遠投する時のために、ロッドにはジグミノーを振り切れるパワーがほしいところだ。

洞爺湖ではヒメマスも大きく育つ。湖の栄養状態が豊かな証拠だ。

H

砂浜と磯場、海のサクラマス釣り。

北海道で大人気のサクラマスゲームといえば、ソルトウオーターでの豪快なジグ＆ジグミノー、そしてロングミノーを使った釣りだ。遡河性鮭鱒を内水面で釣ることが許されていないことから独自に発展を遂げた、北の大地の新たなサクラマス釣りを解説。基本さえ押さえておけば結果の出やすい釣りだけに、海のルアーフィッシングの入門者にも打ってつけだ。

SALT WATER

1 海サクラマスの生態と特徴。

北海道で広まった新たな釣り

フィールド、ターゲット共に充実している鱒釣り王国の北海道にあって、サクラマス釣りだけはちょっと特殊な状況にある。というのも、北海道では遡河性鮭鱒を内水面で釣ることが許されていないため、本州のように河川でのサクラマス釣りが楽しめないのだ。道南から道北までたくさんの川にサクラマスは帰ってくるものの、北海道では手出しのできない魚なのである。

　ということで、北海道に暮らすトラウトアングラーにとって長らく「サクラマス釣り」とは湖のランドロックタイプをねらうものと相場が決まっていたのだけれど、近年になって状況が一変。海での釣りが熱心なアングラーたちによって新たに見出され、その面白さから「海サクラマス釣り」が瞬く間に広まった。今では北海道のサクラマス釣りといえば湖よりも海をイメージする人も決して少数派ではない。

　もともと日本海側の海アメマス釣りから派生して開拓された釣りだが、今では道北エリアや道東エリアまで、幅広い地域で海サクラマスはねらわれるようになっている。海で過ごす期間や回遊ルートの違いが影響しているのか、地域によって釣れるサイズに結構ばらつきがあるところも特徴で、これまでの実績を見る限りでは、最も大きな魚がねらえるフィールドは道南〜道央にかけての日本海側。年によってまちまちではあるも

日本海側の海アメフリークの釣り人たちが開拓し、そのタクティクスを確立させた釣りだと言われている。

サクラマスは海でもねらえるターゲット。河川にソ上する前のサクラマスはベイトを盛んに捕食するフィッシュイーターで、時に獰猛さを感じさせるほど積極的にルアーにアタックしてくれる。

のの釣期は1～6月あたりまで。海アメマス釣りが一段落した4～5月頃にハイシーズンを迎えるというのが例年のパターンだ。

サイズで言えば道北エリアは比較的小型が多く、道東では50cm台がアベレージで60cm超も期待できる。釣期は道北日本海側が4～7月あたりまで。道東太平洋側では6月頃から釣れ始まり、7～8月の北海道の短い夏がその最盛期だ。また、海サクラマスは東北の一部地域でも狙うことができる。

海のサクラは積極的

海サクラマスは、岸に寄ってきたソ上前の群れをねらう釣り。そのためサクラマスたちはまだ食性を失なっておらず、目に付くベイトフィッシュを盛んに追っている状態だ。ソ上を目前に控えた群れになると口を使いにくくなることもあるようだが、それでも河川に入ったサクラマスに比べればルアーへの反応は格段にいいと言える。

地域によって若干の違いはあるはずだが、おもなベイトはコウナゴ、カタクチイワシ、そしてサケ稚魚といったところ。小魚を追って水面直下を走り回る光景を目撃することも多く、川の個体とまるで違う捕食行動のアグレッシブさには驚かされることもしばしば。ソ上前とソ上後とでは、性格がまるで違う魚のように感じられる。

積極的にベイトを追っていることから、小魚の動きがそのままサクラマスの動きにも影響しているのは間違いないが、降雨による雪代の流入なども群れが岸近くに寄るキッカケ。増水によって落ちてきたサケ稚魚にも反応しているはずだが、やはり真水に惹きつけられていると考えるのが自然だろう。

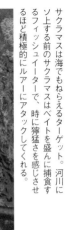

2 基本の道具立て。

海サクラのロッド

海サクラマスの場合、どれだけルアーを飛ばせるかで結果が分かれることは珍しくない。波の満ち引きがある海では、そのポイントが遠浅だからといって湖のようにウエーディングすることもできないので、タックルには充分に飛距離の稼げるものを準備したい。ジグなどのヘビーウエイトルアーに対応できるパワー・長さのロッドがほしいところだ。

ロッドは長さが10～11ftで、28～40gまでのルアーを余裕を持って振り切れるパワーがあるといいだろう。ロッドを選ぶ際のひとつの目安は、上限ルアーウエイト50g。風の強い日や、あるいは波が高い時に使用する50gのメタルジグをフルキャストできるロッドがあれば大抵の状況はカバーできる。重いルアーを扱うことの多い釣りなので、ロッドはパワフルなもののほうが汎用性が高いのだ。とはいえ、張りの強いロングロッドは慣れないと持て余すこともあるので、入門者はひとつパワーを落として上限ウエイト40～45g程度の1本を選んでみるのもおすすめだ。

ロッドとリールはバランスも大事。リールだけが軽すぎると、逆にロッドのトップ部分に重さを感じることもあるのだ。バランスがよければ、無理に引き手を使わなくても自然とロッドを真っ直ぐ振り切れる。

ラインとリール

ラインについては、PEラインならメインラインPE1～1.2号に、20lb前後のリーダーをセットするシステムが標準的。ナイロンの場合は10lbをメインラインとし、16～20lbフロロカーボンリーダーをセットするといいだろう。重いルアーを投げ続ける釣りなので、ナイロンラインで釣りをする際は振り切れ防止のショックリーダーが不可欠だ。

　飛距離や波の影響を考えると、PEラインに大きなアドバンテージを感じる場面の多い釣りだが、海サクラマス釣りでは砂浜だけでなく磯場も好フィールドのひとつになるため、擦り切れを回避するためにナイロンラインを使用することもある。また横風が強い時もナイロンのほうが扱いやすい。

　リールはメインラインを150m巻ける3000～5000番で、ファーストリトリーブの釣りに対応できるハイギアタイプのものを選びたい。着水後やリフト&フォールの釣りで出るラインスラックの巻き取りも、ハイギアのほうが素早く行なうことができる。また、ハイギアタイプのリールは水中のルアーに負荷が掛かるとその重さを手元で感じやすくなるため、潮流の変化を察知する意味でもおすすめだ。

リールについては自重も注目ポイントのひとつ。軽いほどタックル全体のウエイトが軽くなり、感度などの面でメリットも多いのだが、使用するロッドとマッチしていないとその軽さが逆に仇となり、かえって使用感が重くなってしまうことがある。

リール選びは、ロッドとのバランスが大切。先重りするような時はリールが軽すぎることが考えられるので、番手を上げるなどしてバランスを見直してみたい。リールとロッドが合っていれば、スムーズにロッドを振り抜くことができるはずだ。

ロッドには50gのメタルジグを思い切って振り切れるパワーがほしい。しかし張りが強すぎると感じる時は、ひとつパワーを落とすと力を入れなくてもブランクのパフォーマンスを活かしたキャストが行ないやすくなる。

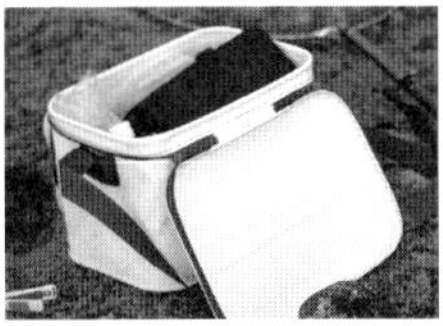

海サクラマスの釣りでは波がかぶっても中身が濡れないように、バッカンがあると何かと便利。休憩時にはサオ置きにも使えるし、予備の釣り道具が砂まみれになるのを防ぐ意味でも重宝する。

リールはメインラインを150m巻ける3000～5000番クラス。ハイギヤタイプのものが望ましい。

3 ポイントの考え方。

離岸流を捜すべし

海の状況やベイトフィッシュの動きによって、岸に近づいたり離れたりを繰り返している海サクラマスの最終目標は、生まれた川に帰ること。そのためポイントは流入河川を中心に考えられることが多く、時期にもよるが実際にその周辺はよく釣れるし、人気も高い。海サクラマス釣りにおいて、真水の影響が感じられるエリアは見逃せない好ポイントだ。

しかし、そうなると河口に近ければ近いほど期待値が高まるような気もするけれど、真水の影響の濃淡だけが海サクラマスのポイントを見分ける鍵ではない。河口近くのスポットに溜まっているというよりは、基本的に群れはその周囲を動き回っているものなので、彼らの回遊ルートを捜すことがヒットの近道だ。

回遊ルートを見極める際に、ひとつの目安となるのが離岸流。岸に打ち寄せられた波がひとつにまとまり沖に帰っていく潮流のことで、この離岸流に沿ってサクラマスが沖から岸に寄ってくることが多い。海底が深く掘られていることからも、周囲に比べて変化があり魚にとって格好の回遊ルートになりやすく、離岸流をストレートに釣ることで、沖から入ってきた魚を効率よくねらうことができるようになる。ただ、あまり流れが速すぎる場合は流心よりもその周囲の弛みに魚が入ってくることも珍しくないので、離岸流を中心にその周辺についてもひととおり探る意識があるといいだろう。

離岸流を見つけるには、浜の地形と海面をよく観察することが第一。寄せられた波が集まるところはワンド地形になっていることが多く、基本的にはその中央に離岸流が構成される。波立っている状況なら、離岸流があるところだけ波が抑えられているはず

砂浜だけでなく、磯場も海サクラマス釣りでは一級ポイント。ベイトが豊富なため、潮通しのいい磯を回遊する群れが多いのだ。

なので、すぐ判断できるはずだ。ただし波打ち際で観察しても分からないことがよくあるので、特に初めての釣り場ではまず遠くからポイント全体を眺めてみるようにしたい。こうしてポイントを俯瞰することでサクラマスの跳ねが発見できる場合もある。

ゴロタ浜や磯場もポイント

海サクラマスの釣り場は流入河川のある砂浜が一般的だが、ゴロタ浜や磯場も一級ポイント。地形変化に富んだそうした場所にはエサとなるベイトも多いため、海サクラマスの回遊ルートになっていることが期待できる。潮回りのいいところを中心にねらってみたい。ただ、砂浜と違って根掛かりするリスクが高いので、あらかじめ高台から沈み根の位置などを把握したうえでポイントに臨んだほうがいいだろう。

磯場では混雑する釣り場の中で、たったひとりのアングラーだけがヒットを連発させることが、けっこうある。これは地形的に魚の回遊ルートがその釣り座からしかねらえなかったり、あるいは潮流がそこだけ効いていたり、魚が付きやすいストラクチャーが沈んでいることが考えられ、そのピンスポットに届くルアーしか魚に見えていない可能性が高い。

底の地形が日々、変化する砂浜と違って、磯場はポイント構成が基本的に変わらないもの。そうしたピンスポットを発見した時は覚えておくと、後の釣行に必ず活きる。

◎離岸流の見つけ方

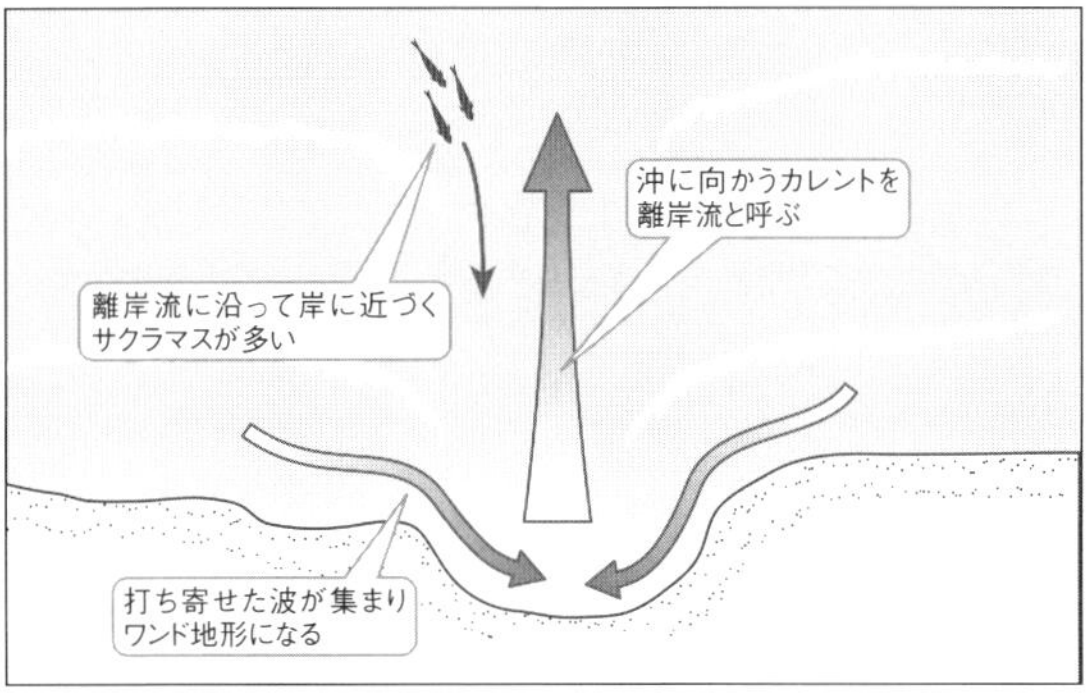
沖に向かうカレントを
離岸流と呼ぶ
離岸流に沿って岸に近づく
サクラマスが多い
打ち寄せた波が集まり
ワンド地形になる

沖にいる海サクラマスは離岸流を遡るように回遊し、岸に近づいてくることが多いと考えられている。離岸流とは、打ち寄せた波が一箇所に集まり、沖へと向かうカレント（潮流）のこと。周囲と違って、そこだけ波立ちが抑えられている箇所があれば離岸流が走っている可能性が高い。また砂浜では打ち寄せられた波が集まることでワンド地形になることが多く、そうした岸の形状からも離岸流の存在を判断できる。ポイントやその日の波高によっては、離岸流の勢いが非常に強いこともあるので、そんな時は離岸流の芯を釣ることにこだわらず、その両脇の緩流を探ってみるとサクラマスが入っていることがある。

磯場での釣りは底の地形をイメージすることも大切。根の位置が把握できないと根掛かりが頻発することもある。

4 用意すべきルアーは、3タイプだ。

遠投のメタルジグ

海サクラマス釣りで必要になるルアーは、大きく分けて3タイプ。メタルジグとジグミノー、そしてミノープラグだ。

メタルジグは遠浅のサーフを釣る際や悪天時に出番の多いルアーで、飛距離を稼げるところが大きな魅力。海が荒れると、より沖合いにルアーを届ける必要があるし、波の中で安定してレンジキープするためにも、ある程度の重さがほしくなる。もちろん、広大なフィールドをより遠くまで探る意味でもメタルジグのアドバンテージは大きい。用意すべきウエイトはロッドパワーに応じて30〜40g台までが標準的なところ。パワフルな道具立てで臨むなら、50gまで用意したい。

ジグミノーで表層を広く釣る

海サクラマス釣りが広くブレイクした背景には、誰にとっても実践しやすい釣りのシンプルさがある。もちろん、細かな誘いを使い分けて実績を上げている釣り人もいるけれど、基本的にはミディアムもしくはファーストのストレートリトリーブ、要は「投げて巻くだけ」で魚が接岸してくれさえすれば、充分にビッグファイトが楽しめてしまうのが海サクラマス釣りの魅力だ。

こうした海サクラマスの釣りに、ぴったりマッチしたルアーがジグミノーだ。モデルによってはメタルジグに遜色ない飛距離を稼げるうえ、リトリーブすると遠く沖合でも表層付近に浮き上がり、活性の高まっている海サクラマスのヒットレンジでその存在をアピールできる。メタルジグやミノープラグとは一味違うナチュラルな泳ぎも、フィッシュイーターの捕食スイッチを効果的に刺激してくれるので使いやすい。難しい

SSPジグにヒットした海サクラマス。北海道のソルトウオーターの釣りには、現場の経験が活かされたご当地ジグが多い。千歳市の釣具店・清竿堂オリジナルのSSPジグもそのひとつだ。

操作をしなくてもリーリングするだけで長い距離を効果的に探ることができるルアーだ。

ただ、浮き上がりやすい性質は、海が荒れている時や、よりレンジを深めたい時には扱いにくくもなるので、メタルジグとの使い分けが欠かせない。根が入っていたり、海藻が多く根掛かりが心配されるポイントでは、逆にこの浮き上がりやすい性質を活かして広く探ってみるといいだろう。

ジグミノーは1oz程度のものをメインに、荒天時や魚が遠い時用に40gまで準備できれば万全。飛距離を求めるなら、1oz～40gのなかでより小粒なものを選んでみよう。

近場を釣るミノープラグ

メタルジグとジグミノーで大抵のフィールドはカバーできるが、ポイントが近い磯場を釣る時や、あるいは岸際に寄ってきた魚を拾い釣る場合に重宝するのがミノープラグだ。ファーストリトリーブはもちろんのこと、トゥイッチやジャークでアクションを付け、トリッキーな動きで魚を誘うこともできる。周囲の釣り人とは違う動きが求められる時に試してみたい。また、足場の高い釣り場で浮き上がりにくい点もミノープラグのメリットだ。主流は、140～175㎜のロングミノー。なかでも飛距離の稼げるものを選んで用意しておこう。

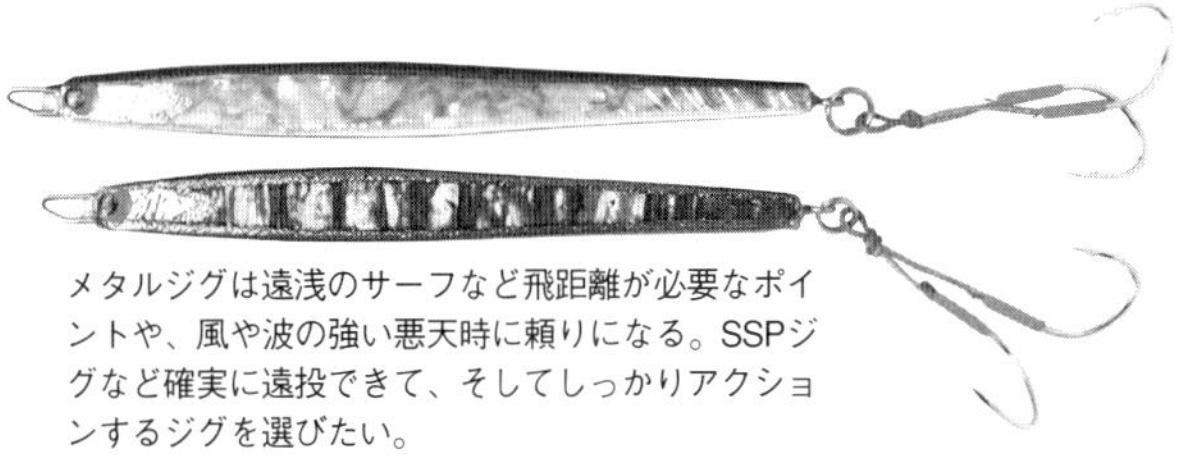

メタルジグは遠浅のサーフなど飛距離が必要なポイントや、風や波の強い悪天時に頼りになる。SSPジグなど確実に遠投できて、そしてしっかりアクションするジグを選びたい。

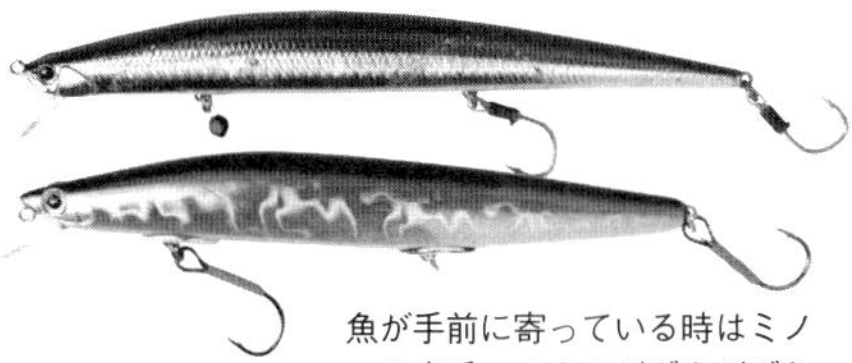

魚が手前に寄っている時はミノーの出番。メタルジグやジグミノーとは違って、ロッドワークを駆使したトリッキーなアクションを演出できる。タイドミノースリム175、エクスセンス・サイレントアサシン140Sなど、140～175mmのロングミノーが定番だ。

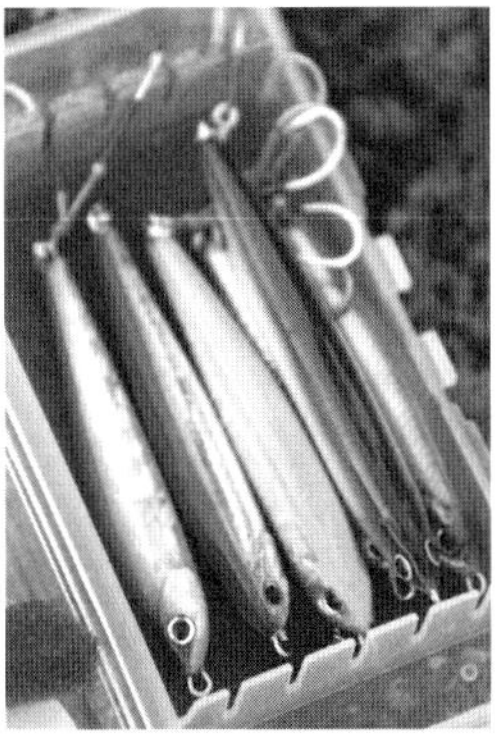

ジグミノーは表層を広く探る釣りで威力を発揮する。こちらは北海道のルアーブランド、D-3カスタムルアーズの福女子（フクナゴ）。小粒でよく飛び、そしてグイグイ泳いでくれるハイバランスのジグミノーだ。

5 海サクラマスの、基本の釣り方。

基本はタダ引きだ

海サクラマスがヒットするか否かの境目は、ずばり魚が「岸に寄ってくれるかどうか」この1点にかかっている場合がほとんどだ。海サクラマスは、海アメマスのように常に近海を住処とし、釣り人たちに釣られてリリースされるうちにどんどんスレが高まっていくわけでもないし、基本的には大胆にルアーを追ってくれる性質のターゲット。もちろん100%ではないとはいえ、こちらの射程範囲に相手が入ってさえくれれば、本流のサクラマス釣りに比べれば圧倒的な高確率でヒットが期待できると考えていい。

それ故、そこにいる魚に対してあの手この手を尽くして口を使わせるというよりも、手返しよくルアーを投げて魚が差さってくるタイミングを逃さないようにする釣りが効果的だ。基本の釣り方は、ファースト〜ミディアムリトリーブのタダ引き。捕食モードに入っていると思しき魚が表層のレンジでヒットするケースが多いけれど、時にはレンジを下げると反応が得られる場合もある。いずれにしても使用しているルアーがしっかり泳いでいる振動を手元に感じながら、広く、早く、手返しよくまずはタダ引きでポイントを探ってみよう。

岸際に残った魚を釣る

とにかく広大なフィールドだけに、海ではどうしてもより遠くのポイントに意識が向かってしまいがちだ。しかし、実際に釣りをしていると、ポイントによっては波打際とも言えるところまで魚が寄ってきている場

ルアーの射程範囲に魚が入ってくれさえすれば、海サクラマス釣りでは高い確率で反応を得ることができる。自分のルアーにヒットしていなかったとしても、サクラマスが寄ってくると周囲のどこかでヒットしているはずだ。回遊してくるチャンスを逃さないように、タダ引きで手返しよくキャストを続ける釣りが基本になる。

H 砂浜と磯場、海のサクラマス釣り。

ミディアム～ファーストリトリーブのタダ引きが定番の釣り方。軽くロッドを揺らしてアクションを付けてみるのもいい。潮流の変化を感じる時は、それに合わせてリトリーブスピードを調整。そうした「変化」に魚が付いていることもあるので、キャストを重ねて集中的に探ってみたい。

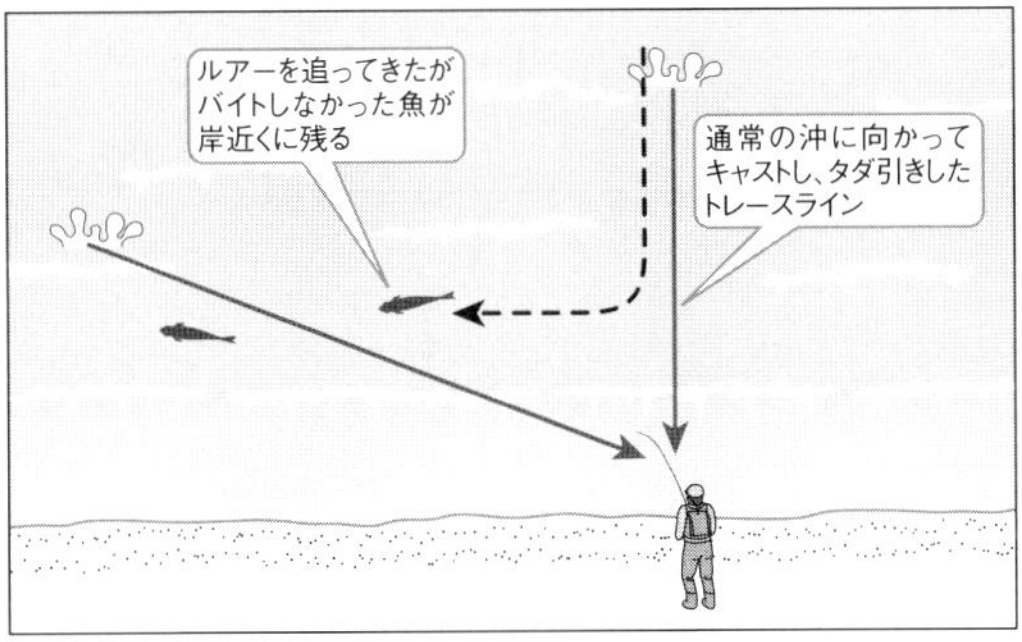

◎ルアーが魚を岸に寄せることもある

沖に向かって大遠投し、ミディアム～ファーストリトリーブで魚を捜す。この海サクラマスの基本の釣りを砂浜に並んだ釣り人たちが一斉に行なうことで、ルアーを追ってはきたものの食い切れなかった魚が岸際に残り、波打ち際を走るような状況が生まれることがある。魚の姿を目撃するような時は、ミノーを使って手前を探ってみよう。また、周囲に釣り人がいなければ、斜めに投げて岸近くのエリアを広く探ってみるのもアリだ。

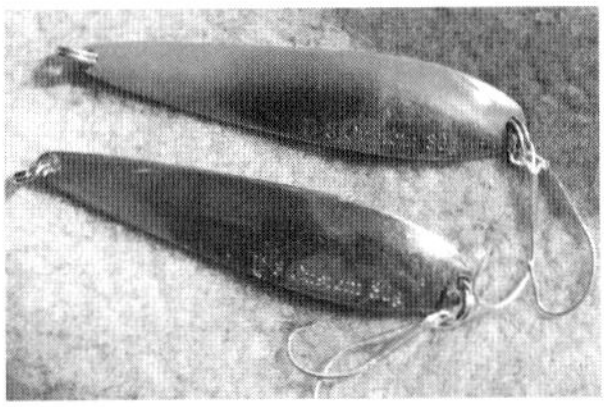

海サクラマス釣りではスプーンも効果的。速引きしやすいものを選んでミディアム～ファーストリトリーブで使ってもいいが、あえてスローリトリーブで引くと結果が出ることもある。ウエイトを上げるために、湖沼の釣りで使う18gスプーンを２枚重ねにして使うアングラーもいる。

面に出くわすことも少なくない。川から落ちてきたサケ稚魚や、岸近くに寄っているベイトに付く個体もいるだろうし、なかには釣り人の投げたルアーを追ってきたけれどけっきょくヒットに至らず、その周辺をウロウロしている個体もいることだろう。どちらにしてもピックアップまで気を抜かない釣りを徹底したい。

　魚が手前に寄っていると感じる時は、ミノーを使って手前を探る釣りが効果的だ。手返しのいいタダ引きがここでも基本だが、トゥイッチやジャークでアピールするのもいい。また、ミノーを使っている時はすぐにピックアップするのではなく、引き波を利用して波打ち際にサスペンドさせてみるとヒットに繋がることもある。バイトのタイミングを魚に与えるイメージだ。

スプーンの出番もある

　海サクラマスの釣りでは、ジグミノーなどのファーストリトリーブに反応が集中する日がある一方で、時にゆっくりリトリーブするルアーに好反応を示す状況も、あんがい多い。引き波を利用しながらスプーンをゆっくりリトリーブすると、今ひとつ食いの渋い状況を打開できることもあるので、１oz前後～40ｇまでのヘビーウエイトスプーンもあると心強い。細身のスプーンもあればジグミノーほどではないにせよ速引きの釣りにも対応できる。

6 魚の跳ねが見えた時の釣り。

跳ねの直撃はご法度

海のサクラマス釣りでは、魚たちの基本的な活性が高いのか、それとも魚の数が多いからなのか、釣りをしている最中に海面を割ってサクラマスが姿を見せることが度々ある。イルカのように横っ飛びしたり、水面付近で体をもじったりと、そうした「跳ね」の形態はさまざまだが、いずれにせよそれらはターゲットが近くにいるサイン。基本的にはサクラマスは大小の群れ単位で行動していると考えられるので、跳ねた魚の周りには数尾のサクラマスがいると期待できる。

さて、そんなサクラマスの跳ねを目撃した時、どんな釣りを心がけるといいのだろうか? 大切なのは魚のいるピンポイントを直撃しないということだ。ルアーの着水音は周囲にその存在を知らせるアピールにもなる反面、着水点が魚に近すぎると驚かせてしまうこともある。魚が跳ねたポイントよりも遠くに投げ、そこからリトリーブしてナチュラルにルアーを相手に見せるイメージが持てるといいだろう。サクラマスがベイト追って、水面をざわつかせながら素早く移動しているような時は、その先を読んでアプローチすることも大切だ。

海サクラの好機とは?

魚の跳ねがルアーの射程範囲にある状況は、願ってもないヒットの好機。では、海況および気象条件の好機とはどんなものかというと、海サクラマス釣りでは基本的に凪ぎの日にいい釣りができることが多いようだ。あまりにウネリが高い時はそもそも魚が接岸しにくくなるため、ルアーが届かないのだろう。低気圧の影響で底荒れしたり、あるいは川水によってひどく濁っている状況もあ

◎魚が見えた時のアプローチ術

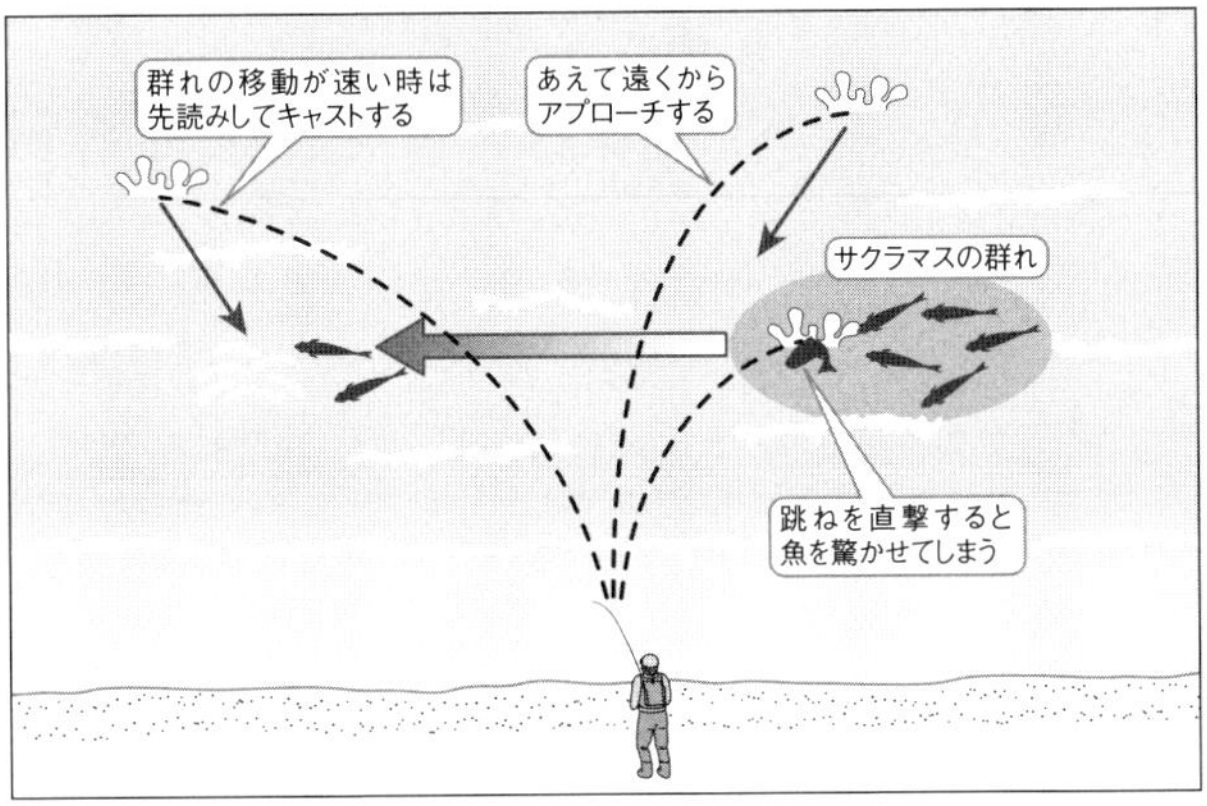

海面を割って跳ねるサクラマスの姿が目撃できたら、その周囲に大小の群れが回遊してきている可能性が高い。しかし、その魚が跳ねたスポットを直撃すると驚かせることになるので、その沖にルアーを投げ、あえて距離を開けたうえで群れのなかにアプローチできると相手を警戒させることなくバイトに持ち込みやすくなる。また群れがベイトフィッシュを追っていて、その移動スピードが速い時は、先を読んでルアーをキャストするようにしたい。

まり好ましくない。とはいえ鏡のようなベタ凪ぎよりは、1mほどの適度な波っ気があったほうがよく、また川水の流入はサクラマスを岸に近づける最大要因でもあるので、濁っているからといってノーチャンスでもないことは覚えておきたい。魚が寄ってきている可能性もあるので、濁りの薄まる境目あたりを探ってみよう。

それと、海サクラマス釣りも朝夕のマヅメ時はやはり絶好のヒットチャンスだ。特に朝マヅメは最も魚の食いが立っている時間帯なので、夜明けを待って釣りを始めてみるといいだろう。また、ヒットが遠のいていたポイントでも夕マヅメに魚が岸に寄ってくる場合があるので、気になるポイントがあれば時間をあけて、夕暮れ時に再アタックを試みてみるのもいい。ルアーの届かない沖合で魚が跳ねていたようなら、その群れがマヅメ時に岸に近づくことも期待できる。日中の間、釣り人がロッドを振っていなければポイント一帯のプレッシャーが薄まっていることが考えられるので、特にチャンスは大きい。

右）海が荒れているよりも、凪ぎの日にいい釣りができることが多い。鏡のようなベタ凪ぎよりは、適度な波っ気があったほうがベターだ。左）マヅメ時は海サクラマスが岸に寄ってくる最大のチャンス。朝マヅメも夕マヅメ、どちらにも大きなチャンスがある。

COLUMN

海サクラとのファイト術

エサをたくさん捕食しているフレッシュな個体のほうがずっと力が余っている気もするのだが、海のサクラマスと川のサクラマスのパワーの違いについて、川に入った魚のほうがよくファイトすると語る釣り人は不思議と多い。淡水に馴染んだ個体を釣る難しさや、あるいは海と川とでのタックルパワーの違いが、より川の魚の引きを強く感じさせているのかもしれないけれど、釣り人の感覚としては両者の手応えに確かに若干の違いがあるようだ。

しかし、そうはいっても海の魚とのファイトだって一筋縄ではいかないもの。海の場合は波があるので、寄せ波に乗せられてスルスルと簡単に寄ってきたと思ったら、途端に引き波の重い流れに魚が持っていかれたりして、相手が60㎝近い魚だけに慣れないうちは対応が難しい。

海サクラマスとのファイトで重要なのは、ロングロッドのパワーを頼りに強引に相手を寄せすぎないことだ。カウンターで引き波に持っていかれると、口切れなどでバレる原因になってしまう。

寄せ波を利用して手前に寄せ、引き波が来たらロッドのベンドとドラッグでトルクをかわすイメージがあるといいだろう。大抵のサクラマスは海でも手前に寄ってくるとダッシュするので、あらかじめ身構えておくと慌てることなく対処できる。それまでの引き波のなかでのやり取りでドラッグがキツすぎると感じる時は、少し緩めてスプールが滑るようにしておくのもいい。

ランディングの際も、寄せ波を利用してずり上げる。大きな寄せ波が来た時に、タイミングを見計らって寝かせたロッドを岸側に持ち上げる感じだ。ランディングが中途半端になって、波打ち際で魚を暴れさせていると次の引き波で持っていかれることがあるので要注意。磯場などの波を利用できないポイントでは、タモ網が必須。使用するロッドが長く硬いので、川釣りに使用するランディングネットでは魚を寄せても手が届かない。柄の伸びるものを準備しておこう。

磯の釣りでは岸にズリ上げることができない場合がほとんど。ランディングするためにはタモ網が欠かせない。

I

トラウトルアー、準備編。

鱒釣りに欠かせないウエーダー&ウエーディングブーツの選び方、必携アクセサリーからビッグゲームの安全対策まで、フィールドに出かける前に知っておくべき事柄を詳しく解説。トラウトフィッシングの基本的なルールやマナーもここで学んでおこう。

FOR BEGINNERS

1 サクラマス釣りにウエーダーは欠かせない

ウエーダーの基本2タイプ

水辺の遊びであるトラウトフィッシングには、川や湖に立ち込むためのウエーダーが欠かせない。護岸された河口域などでは長靴で釣りをするスタイルも一部にあるけれど、もちろんサクラマス釣りにおいても基本装備。ウエーダーなどのウエア類は現場での快適性に直結するものなので、入門する際にはタックル類だけでなくこちらもしっかり準備しておきたいところだ。

ウエーダーは足元の構造でストッキングタイプとブーツタイプの2種類に大別できる。ストッキングタイプはウエーダーを履いたうえに、さらに別に用意したウエーディングブーツを履くものなので悪路でも歩きやすく、足先や足首を保護するうえでも心強い。ウエーダーとブーツの2アイテムを揃える必要があるため予算が少々膨らんでしまうのだが、サクラマス釣りではポイント移動も含めて河原や川の岸沿いを歩くシチュエーションが多いので、やはりウエーダーを1本選ぶならソックスタイプがおすすめだ。

一方、ブーツタイプはウエーダー部分と足元のブーツが一体になっており、準備に手間のかからない着脱の容易さが特徴だ。それほどポイント移動の多くないシーズン初期の釣りなら、ブーツタイプのほうが楽に感じる場面は多いだろう。また簡単に脱ぎ着できるので、朝駆けの短時間勝負の時や、あるいは昼食を河原ではなく店内でとるような時もストレスが少なく、適所で使うと非常に快適な仕様になっている。

ただ、ブーツ部分がいわゆるラバー素材のシンプルな「長靴」になっているものがあるため、そうしたモデルに関しては足首や足先の保護はあまり期待できないことと、水温の低い流れのなかに立ち込んでいると、ブーツに比べてテキメンに足先が冷えることは覚えておきたいところ。とはいえ、これで釣りにならないことはないので、エントリーの初期投資を抑えたい時は、最初の1本をブーツタイプにしても大きな問題はないだろう。それにブーツタイプでも、耐寒性・耐久性に優れたブーツを採用しているものもあるので、気になる場合はそちらをセレクトしておけば問題ない。

ウエーダーには、胸までの高さがあるチェストハイと、腰までの高さのウエストハイという2種類のデザインがあるが、水量の豊富なフィールドを釣るサクラマス釣りではチェストハイウエーダーがベスト。ウエーディングを制限されるウエストハイに比べてさまざまな状況をカバーすることができるので、汎用性の高さの面でも入門者の最初の1本におすすめだ。

素材とシルエット

ウエーダーには保温性の高いネオプレン素材のものと、ゴアテックスを代表とする透湿性の高い素材のものがある。シーズン初期はまだ春というよりも冬の厳しい寒さを感じる日も多く、防寒を考えるならネオプレンウエーダーのほうが簡単に暖を得ることができるだろう。しかしネオプレン素材は透湿性がないため、ポイント移動などで汗をかくと内部が蒸れてしまうのが難点。そこで最近は冬場の釣りでも透湿素材のウエーダーを履き、中に保温着をレイヤリングするスタイルも一般的になっている。なので、シーズン初期から釣りを始めるからといって、ネオプレンと透湿素材の2タイプのウエーダーを無理して買い揃える必要はない。まずは透湿素材のウエーダーから始め、寒い時はレイヤリングで対処しよう。

それと、ウエーダーには各社・各モデルによってシルエットがさまざまある。体型にあったものを選べば問題ないが、そのなかでできるだけスリムなものを選んだほうがウエーディング時の歩行がずっと楽。水圧が少ないほど、足さばきが軽くなるのだ。

右がストッキングタイプ（リトルプレゼンツ・SP3 チェストハイウエーダー）、中がブーツタイプ（同・SP3 チェストハイブーツウエーダー）、そして左がブーツタイプのネオプレンウエーダー（同・CR AQ ZIP ウエーダー）。このネオプレンウエーダーはラバーブーツが耐寒性・耐久性ともに優れたラバーブーツを採用したタイプだ。

2 ウエーディングブーツの選び方。

サイズ感について

ストッキングタイプのウエーダーを使用するには、別にウエーディングブーツが必要になる。ウエーディングブーツは、トレッキングブーツに引けを取らないレベルの剛性を備えたガッチリしたものから、足さばきの軽やかなライトウエイトな1足まで、モデルによってその特徴はさまざま。足型も各社・各モデルによって違ってくるので、見た目だけでなく実際の自分の足のかたちにマッチしているかについても、ブーツ選びの際は注目すべき要素だ。最近はオーソドックスなシューレースを排したBOAシステムを採用しているブーツも多く、こちらは着脱の容易さと、ダイヤルを回すだけで簡単に足にぴったりフィットするところがメリット。シューレースを締め上げるのに煩わしさを感じているようなら、一度試してみる価値はある。

ブーツを選ぶ際に注意したいのは、ふだんの街歩きで履いているスニーカーや革靴とは、サイズ感がちょっと違ってくるということだ。ウエーダーにはネオプレンソックス部分の厚みがあるため、ふだんの感覚でサイズを選ぶと、どうしても窮屈になってしまうのである。メーカーによってもサイズ感は微妙に違ってくるものなので、初めてのメーカー、初めてのモデルの購入を検討する際には、ウエーダーかそれ相当の厚みを持ったネオプレンソックスを履いたうえで、ショップで試し履きさせてもらうと間違いがない。

フェルトとラバーの違い

ウエーディングブーツには大きく分けて、フェルトソールとラバーソール（ビブラムソール）の2タイプがある。モデルによっては両ソールをラインナップしているものもある

ストッキングタイプのウエーダーにはウエーディングブーツが必要。さまざまな種類があるが、自分の足にフィットするものが一番。ミッドソールの薄いものは軽快に感じるが、長時間の釣りだと足に疲れが出やすいので注意したいところ。

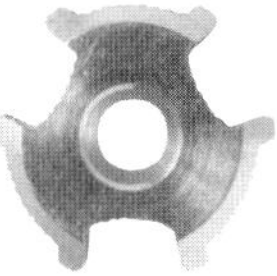

シムスのビブラムソール用に開発された滑り止め用の鋲、アルミバイト・スタークリート

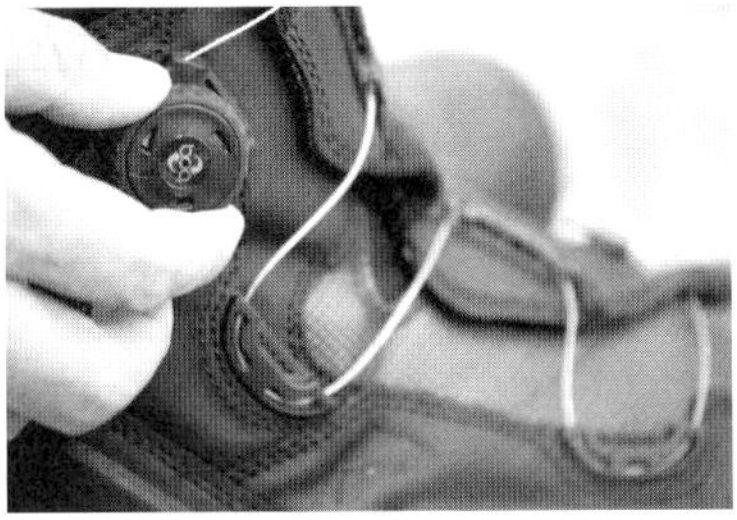

従来のシューレースを排したBOAシステム。ダイヤルを回してブーツを足にフィットさせる。

ラバーソールのグリップ力はなかなかのもの。スタッドやクリートと組み合わせると、フェルトソールと遜色ないパフォーマンスを発揮してくれる。

が、フェルトソールのみの展開もけっこう多い。底質を選ばず安定したグリップ力を誇るフェルトソールは、初めての1足としておすすめ。ただ、雪上では底に雪が張り付いて非常に歩きにくくなるので、シーズンが開幕したばかりの雪の残る河原での快適性についてはラバーソールに軍配があがる。

　ラバーソールはもともと、ソールを媒介に藻や微生物が広がり、各河川にある固有の生態系を崩すことを防ぐために海外で開発されたものだが、日本ではあまりその点に注目してラバーソールを選択している人は少ないかもしれない。むしろフェルトに比べてソールが減りにくく感じられることや、アプローチの長い源流釣りにおける踏破性の高さ、そしてまたフェルトのように水を吸わないため、ソールが常に軽いことなどからラバーソールは人気を得ているようだ。フェルトに比べると滑りやすいように思われるかもしれないが、ビブラムソールを中心にラバーソールの世界は年々進歩しており、ハイエンドモデルで採用されているソールは実際のところフェルトに遜色ないグリップ力を誇っている。

　とはいえ、底質によってはフェルトに劣ることもあるため、スタッドやクリート（滑り止めの鋲）で補強するアイデアが一般的だ。適所に打ち込むことでグリップ力がさらにアップする。

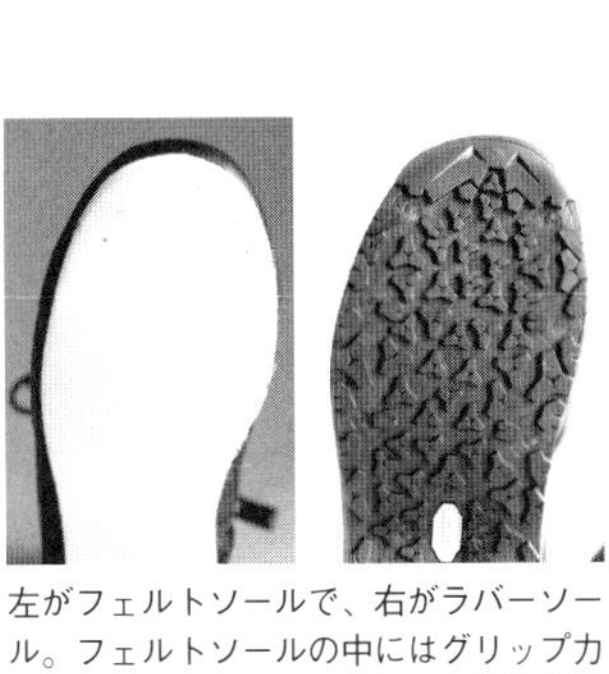

左がフェルトソールで、右がラバーソール。フェルトソールの中にはグリップ力を高め、なおかつフェルトの磨耗を防ぐ目的でスパイクピンを埋め込んだタイプのものもある。

3 サクラマス釣りに必携のアクセサリー。

欠かせない7つの道具

フィールドによって必要なものに若干の違いがあるとはいえ、サクラマス釣りを楽しむうえで最低限、持っていきたいアクセサリーといえば、これらになるだろう。①フックを魚から外すためのプライヤー。②ルアーを取り付けるスナップ類。③ラインカッター。④フックシャープナー。⑤ランディングネット。⑥偏光グラス。⑦頭部を保護する意味でのキャップ類。あとは替えのフックやスプール、ショックリーダーなど、自分の釣りに必要なものをそれぞれ用意できれば、とりあえず釣りはできる。PEラインのシステムで釣りをするならPE専用のラインカッターも必要だ。

渓流魚の場合、フックを外すのにフォーセップを使用することも多いが、サクラマスのような大型魚の口からフォーセップでフックを外そうとすると、ノーズが短いものだと遊びフックが手に刺さる危険があるうえ、魚に暴れられた拍子に指がねじれて怪我してしまうこともある。サクラマス釣りには、やはりプライヤーが無難だ。魚を釣りあげた直後は興奮していることもあるし、あんがい落として失くしやすいものなので、落下防止のコードでベストか腰まわりと繋げておくといいだろう。

偏光グラスは水面のギラつきを抑え、水中のようすを確認するためのレンズを装着したメガネ。これでブレイクラインや沈みテトラが見えるようになるのだが、ポイントのようすをうかがうだけでなく、偏光グラスはウエーディングする際の安全面でも必携のアイテムだ。次に足を運ぶ川底が見えていれば転倒する心配はないし、それとまた湖ではシャローから急にドン深になる地形も珍しくないので、偏光グラス越しに底の

ランディングネットはフィッシングベスト背面のDリングを利用して背負うスタイルが一般的。

◎これだけは用意したい、サクラマス釣りのアクセサリー

①プライヤー
②スナップ
③ラインカッター（中央）スプリットリングプライヤーやメジャーなどの小物とまとめておくとなくしにくい
④フックシャープナー
⑤偏光グラス
⑥キャップ

ようすが確認できれば不用意に立ち込んで危険を感じることもなくなるはず。偏光グラスはレンズの色や明るさに、用途に応じてさまざまな種類があるけれど、いくつも用意する余裕がない時はマヅメ時から使える明るめのものが汎用性が高くおすすめできる。

ベストも必要だ

以上のアクセサリー類とルアーボックス、それと軽食や飲み物はフィッシングベストに収めて携行する。左のメインポケットにはディープダイバーとシンキングミノー、右のポケットにはスプーンというように、どのポケットに何を仕舞うかを決めておくと、必要な時にほしいものが素早く取り出せるようになる。また釣りをしている最中に雨が降ってくることを考えて、レインウエアもベストの背面に携行しておこう。

こうした各アイテムをベストではなくフィッシングバッグで持ち歩くスタイルもあるが、サクラマス釣りの場合はランディングネットが大きいため、ベストを着用したうえでDリングにリリーサーを付けて背負ったほうが簡単だ。またランディングネットについては、落下防止のコードも必要。これがないとサクラマスをいざランディングする時に、ネットを水面に留めておけないので非常に難儀することになる。

PEラインのシステムで釣りをするなら、ショックリーダーとPE専用のラインカッターを忘れずに。

4 賢い防寒で集中力を持続しよう。

アンダーとソックス

気温の高い季節であれば、特にウエーダーの下に履くアンダーウエアにこだわらなくても釣りはできる。仮に速乾性に劣るアンダーを選んでしまい不快だったとしても、釣りができないレベルの苦痛に見舞われることはないはずだ。

しかし、気温の低い季節の場合は、そうはいかない。準備を整えて臨まなければ、釣りをしているうちに寒さに我慢できなくなり、ついにロッドを振る意欲が萎んでしまう。まだ寒い初春からシーズインするサクラマス釣りについても、しっかりとした防寒が必要だ。

ネオプレン素材のウエーダーならそれだけでかなりの暖かさを発揮してくれるのだが、透湿防水素材のウエーダーを選択する場合は、アンダーウエアで保温性を高めなければいけない。理想は、速乾性の高いアンダーウエアをファーストレイヤーにして、その上にウール素材などの暖かな薄手のアンダーを着用。そして、さらにインナーダウンやフリースなどの中間着を履く3層構造のレイヤリングだ。ファーストレイヤーを省いてもいいのだが、しっかり防寒すると寒い季節でも歩行時に意外と汗をかくものなので、肌をドライに保つためには速乾性の高いアンダーが1枚ほしい。また、ネオプレンウエーダーを着用していた場合でも、ウール素材などの薄手のアンダーは必要だ。

ウエーディングをしていると足先が冷えるものなので、雪代が出て水温が低下しているような時期は、ソックスについてもウールやフリースなどの保温性の高い素材を選びたいところだ。ブーツタイプのウエーダーは「長靴」の素材がラバーであるうえ、ウエーディングブーツに比べ

2月1日の九頭竜川。解禁したばかりの本流はまだ冬の真っ只中。賢い防寒で集中が途切れないようにしたいところだ。

て薄くできているものが多いため、水の冷たさが足先に伝わりやすい。ウエーディングの釣りになることが予測できる時は、あらかじめ厚手のソックスを履いておいたほうがいいだろう。ブーツの剛性はウエーディング時の保温性に繋がることも多いので、ソックスタイプのウエーダーを履く場合は、持っているなかでも特にガッチリできているブーツと合わせてみると足先が冷えにくい。

グローブで指先を保温

防寒のコツは首や手足を冷やさないこと。寒い季節の釣りにネックウオーマーとフィシンググローブは不可欠である。

フィッシンググローブは風をとおさないフリース素材のものや、撥水性の高いソフトシェル素材のものなどいろいろあるけれど、フィンガーレス仕様のものが細かな作業が行ないやすくてストレスが少ない。しかし、たとえば北海道の海サクラマス釣りなどでは、指先を外に出していると一気にかじかんでしまうこともあるので、ケースバイケースで選ぶといいだろう。

北海道の海サクラマス釣りのシーズインは1月から。雪の中での釣りになることも珍しくないため、しっかりとした防寒が求められる。

毛足の長いバルキーなフリースを使用したリトルプレゼンツのフリースパンツ。保温性を高めたい時のウエーダー内のミッドレイヤーに最適だ。

3フィンガーレスグローブなら細かな作業もストレスフリーだ。

寒さの厳しい季節はがっちりした防寒グローブを。WPウォームグローブは裏生地にフリースをあしらった完全防水の一双で、ストレッチ性のある表生地を使っているため動きやすさも確保されている。

5 サクラマス釣りでの安全対策。

本流のウエーディング

本流のサクラマス釣りにウエーディングは付きもの。しかし、流れの太い本流に立ち込む時には決して無理をしてはいけない。一見すると平らで緩やかに感じる流れでも、実際に立ち込んで見ると、足を持っていかれそうなほどの重さを感じることがほとんど。そうした流れのなかをディープウエーディングしていてバランスを崩すとリカバリーは難しく、そのまま一気に下流に飲み込まれる危険な状況に陥ってしまう。岩盤底は滑りやすいうえドン深になっていることがあるし、丸石がゴロゴロ沈んでいる瀬では、どんなに気をつけても思わぬところではツルンといきやすいものだ。すべてのポイントに転倒のリスクはあると考えて、慎重なウエーディングを心がけよう。

万が一、ウエーディング中に転倒する場合に備えて、必ずウエーディングベルトでしっかり腰まわりを締めておくことも忘れてはいけない。それほど水深のない瀬だったとしても、転倒した際にウエーダー内部に水がどんどん侵入してきたら、そう簡単には立ち上がれない。捕まるものがなければ、たやすく下流に流されてしまうことだろう。あまりスポットライトを浴びることのない地味な存在だけれど、ウエーディングベルトは自分の命を守るための大切な道具なのだ。

背後のチェックを忘れずに

どのサクラマス釣り場にも大人気のポイントがあり、そういう場所は常に大勢の釣り人で賑わうものだ。釣り人同士の間隔があまりに狭いようだと、キャストに自信を持てない初心者にとっては緊張してしまうシチュエーションだろう。まっすぐにルアーを飛ばすことができなければ、隣の釣り人とお祭りすること（ルアーとルアー同士、ラインとラインが絡むこと）になるわけだから、思わず肩に力が入ってしまうこともあるかもしれない。

　もちろん、可能な限りまっすぐにルアーをキャストして、周囲のアングラーの釣りに干渉しないことが一番。しかし、目の前に投げることに集中するあまり、背後への注意がおろそかになってしまうのは、もっと困る。人気のポイントは入れ替わり立ち替わり釣り人がやってくるため、時にはすぐ背後を歩いていることだってあるのだ。

　サクラマス釣りはロッドも長く、ルアーも重い場合が多いので、渓流釣りなどのショートロッドの釣りに比べると、振りかぶった時に背後を釣ってしまう危険性がずっと高い。海サクラマス釣りの場合には、さらにロッドが長くルアーが重くなるため、より注意を払う必要があるだろう。フルキャストしようと振りかぶったメタルジグが人に当たりでもしたら目も当てられない大事故だ。

　キャストの際には、背後を確認するクセを付けるようにしたい。ロッドを力一杯振り抜く際に、ティップが枝などに当たれば破損してしまう可能性もある。自分のタックルを守る意味でも要確認なのだ。

左）隣の釣り人と間隔が狭いと、真っ直ぐに投げることばかりに集中しがち。釣り人が歩いていないか、背後にも気を配る余裕を持ちたい。右）釣り人が集中する釣り場では、周囲に気を配りながらキャストをする。

本流でウエーディングをする場合、絶対に無茶は禁物。岩盤底のポイントはドン深になっていることも多いので、特に細心の注意を払って歩を進めること。

万が一に備えて、ウエーディングベルトは必ずしっかり締めること。地味だが欠かせないアイテムだ。

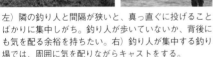

6 覚えておくべきルール&マナー。

鱒釣りは遊漁券を買って楽しむものだ

本州でサクラマス釣りを楽しむためには、ごく一部を除いて管轄漁協が発行している遊漁券の購入が必要だ。河川によっては支流や水域によって管轄漁協が変わるため、それぞれに異なる遊漁券を購入しなければいけない場合もある。禁漁区が定められている川も多いので、いずれにしても釣行前に管轄漁協ホームページなどで、遊漁規則をひととおりチェックしておこう。川によっては釣りができる人数に制限を設け、事前にエントリーしたなかから抽選で遊漁証を発行するところもある。気になる川がある時は、シーズン開幕前に早めに調べておきたいところだ。

北海道は漁協が管理していない川が多いため、ふつうヤマメやアメマスをねらう際に遊漁券を購入する必要はないが、湖沼のサクラマス釣りに関しては異なるフィールドもあるので要注意。洞爺湖や朱鞠内湖でランドロックのサクラマスをねらう際には、必ず遊漁券を購入してから臨みたい。禁漁期間はもちろんのこと、使用フックについてなど細かなレギュレーションが定められている場合もあるので、遊漁券購入の際に確認しておくといいだろう。

海のサクラマス釣りについて、注意したいレギュレーションは河口規制だ。河川にソ上するサケ・マスの資源保護を目的とした規制で、たとえば島牧村泊川の河口規制は「採捕禁止期間／5月1日～8月31日、規制範囲／左海岸300m、右海岸300m、沖合い300m」。禁止期間と規制範囲は河川によって異なるので、釣行する前に目的地周辺の河口規制を北海道庁ホームページなどで調べておくことを心がけたい。

立て看板で告示されているような

本州のフィールドでは、禁漁区間が設定されている河川のほうが多いはず。こうして立て看板で表示していないことも多いので、こちらも調べておく必要がある。

海のサクラマス釣りでは、河口周辺に採捕禁止期間と規制範囲が定められている川に注意。警告の看板などがないこともあるので、事前に調べたうえで釣行したい。

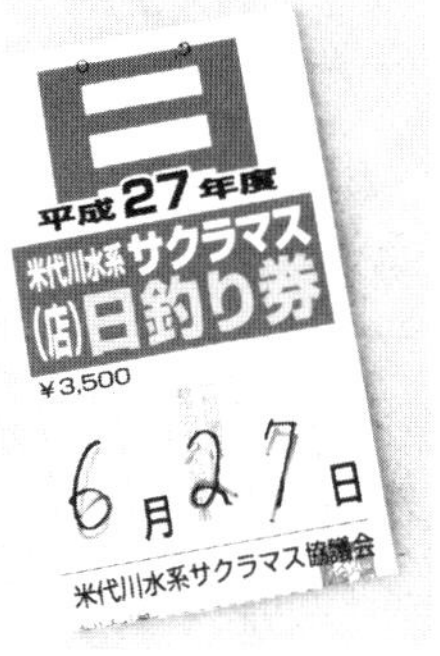

本州のサクラマス河川では、ふつう各河川の管轄漁協が発行する遊漁券を購入しないと釣りができない。地元のコンビニや釣具店で買えることが多い。

ら問題ないのだが、実際の現場では規制範囲が分かりにくいことがある。目安となるランドマークを地元釣具店などで情報収集できれば万全だ。

覚えておきたいマナー

サクラマスは誰にとっても憧れの魚だから、最盛期の週末ともなればたくさんの釣り人が川を歩くことになる。目星を付けていたポイントで他の釣り人に先を越されるような状況はよくあることだ。

そんな時、ポイントの優先権は先行者にあるとするのが、サクラマス釣りに限らず鱒釣り全般の暗黙のルールになっている。相手が釣り下っているなら、その後を追ってこちらも釣り下る。あるいは、移動してポイントを変える。どうしてもそのポイントを釣りたいからといって、先回りして美味しいところを叩いてしまうような行為はマナー違反だ。自分がされて嫌なことは他の釣り人にもしないように注意したい。

それと混み合う釣り場で空いた釣り座に入るような時は、「ここで釣りをして構いませんか?」と、隣りの釣り人にひとこと声をかけることも大切。同じサクラマス釣りを楽しむ者同士、お互い気持ちよく釣りをしたいものだ。

北海道でも洞爺湖などのレイクフィールドでは、遊漁券が必要なところもある。

7 カメラは大事な釣り道具だ。

フォト&リリースのすすめ

冷静にランディングしたつもりでも、プライヤーを握る手がガタガタしてしまい、フックを外すのに手間取ったり、あるいは大声で叫び出したい気分になったり。憧れのサクラマスをついに釣りあげて、膝が震えるほどの興奮を覚えた人は少なくないはずだ。そんな感動を誰もが味わうためには、もっともっと釣り場に魚を増やす必要がある。その方策のひとつこそ、キャッチ&リリース。放したサクラマスが秋の産卵に参加してくれれば、その子孫がまた3年後に同じ川に帰ってくる。その水域で定められているレギュレーションを守っている限り、釣った魚を持ち帰ることは悪いことではないのだけれど、キャッチ&リリースは自分の通うフィールドでよりエキサイティングな釣りを、より長く楽しむための最も手軽なアイデアだ。

釣った魚を逃がすことに抵抗のある人には、カメラの携行がおすすめ。手にしたトラウトを写真に残しておけば、あとで見返して再びその美しい姿を楽しむことができる。コンパクトデジタルカメラなら持ち歩くことにストレスもないはずだ。最近はスマートフォンにも高性能のカメラが搭載されているので、それで記念撮影するのも楽しい。

カメラには、その日釣れた魚のサイズや顔つきだけでなく、ヒットルアーからタックルまでを写真に残してメモ代わりに使う面白さもある。釣行データをノートにメモするのは面倒だという人でも、カメラならシャッターを押すだけだから簡単だ。

サクラマスがヒットしたポイントを俯瞰で撮影しておくと、流れの利き具合や、流心とヒットポイントの関係、実際のところサクラマスはどのあたりに定位していたのか?といったことを、後で写真をもとに自分なりに考えることもできる。記憶ではどうしても曖昧になってしまうディテールが、カメラならバッチリ記録できる。その意味では重要な釣り道具のひとつとも言えるのである。

防水システムの作り方

完全防水のコンデジもいいけれど、より美しい写真にこだわるなら、やはり一眼レフ。昔のフィルム時代と違って、一眼レフカメラでもミラーレスのコンパクトサイズが各メーカーから販売されているので、それほど頑張らなくても一眼レフを釣りのお供にできるようになった。

ただ、一眼レフカメラを釣り場に持っていくには、しっかりと防水対策を講じておく必要がある。ということで、いざ防水仕様のカメラバッグを捜してみると適当なものが意外となかったりするのだが、心配はご無用。自分で防水システムを作ってしまったほうが手っ取り早いうえ、防水性能についても充分に満足できるはずなのだ。

用意するものは、カヤックなどの川遊び用の完全防水ドライサック。そして、それを入れる適当なショルダーバックだ。クッションとして、EVAフォーム素材のスリーピングマットなどを適当にカットして入れておけば、衝撃吸収性も抜群。ショルダーバックを使わずベストの背面に入れる時は、ドライサックの中にEVAフォーム素材を仕込んでおけば心配ない。

この簡単防水システムは、ドライサックがそれほど高価なものではないため、使い込んでへたってきたと思ったら気軽に新しいものに買い替えられる点もメリットだ。ドライサックにはいろいろ種類があるが、軽量で薄いものよりも、厚手で強度のあるタイプを選ぶといいだろう。

カメラのために荷物を増やしたくない釣り人でも、コンデジなら苦にならないはず。防水コンデジなら水没してもへっちゃらだ。

一眼レフを携行する場合、防水が必須。完全防水の厚手のドライサックにEVAフォーム素材を詰め、そこにカメラを収納。それを携行するショルダーバッグを用意すればマイカメラバッグのできあがりだ。

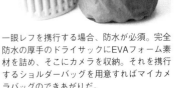

【トラウトルアー用語集】

●あ

【アイ】フックを取り付けたり、ラインを結ぶためのルアーの環。それぞれフックアイ、ラインアイと呼ぶ。フックにラインを結ぶ部分もアイと言う。

【アウトバーブフック】ふつうカエシはゲイプの内側に備わっているが、ゲイプの外側にカエシを持つフックをアウトバーブと呼ぶ。

【アクション】「動き」全般に用いられるが、おもにルアーの泳ぎ・動きを意味する場合が多い。

【浅溝】細いラインを使うことを前提にデザインされた溝の浅いスプール。シャロースプールとも言う。

【アピール】ルアーによって魚を誘うこと。アピール力とはルアーの持つ魚を誘う力のことで、泳ぎの質や、色、サイズなどによってその度合いが異なる。

【アプローチ】魚に近づくこと。釣り人がポイントへ近づく行為のほか、そのポイントにルアーを投げ入れることをアプローチと呼ぶこともある。

【アングラー】釣り人。

【イトヨレ】ラインがヨレた状態。スピニングリールはラインをリールに巻く際にベールが回転するためヨレが生じやすい。このイトヨレを解消する機構が現在のリールには備わっている。

【インスプール】リールのスプールがボディーの内側に収まっているタイプ。カーディナルなどがその代表。反対にスプールが外部にあるタイプをアウトスプールと呼ぶ。

【ウエーディング】水に立ち込むこと。

【ウォブリング】おもにミノーの動きの一種。尻を左右に振って泳ぐ様子。

【エスアイシー（SｉC）】ガイドリングに使われるイト滑りのよい素材。ケイ素と炭素の化合物。

「ウエーディング」とは水に立ち込んでいる状態のこと。深場に立ち込むことをディープウエーディングと言う。

【オンス（oz）】 重さを表す単位で、1oz約28g。

【オーバーハング】 渓流ルアーフィッシングでは、木の枝などが水面に覆いかぶさっている状態をこう呼ぶことが多い。水面に近く奥が深いほどキャストが難しい。

●か

【カウントダウン】 着水後、数をかぞえながらルアーを沈めること。ルアーの到達レンジをイメージしやすい。

【カーボングラファイト】 ロッドブランクに使われる素材。トンという単位で性質が表示され、この値が高いほど弾性が高いとされている。

【ギア比】 ハンドルとベールアームの回転比率のことで、ハンドル1回転あたりのラインの巻き上げ能力を示す。

【グラスファイバー】 ロッドブランクに使われる素材で、カーボンロッドが登場する以前はこのグラスが主流だった。

【クリール】 魚を入れる魚篭。

【ゲイプ】 フックのフックポイントからラインアイまでのあいだの、曲がっている部分。フトコロともいう。

●さ

【サスペンド】 水中でルアーや魚が静止している状態。渓流ルアーフィッシングでは流れの押しでルアーを泳がせて、1箇所に留めておくこともサスペンドと言う場合がある。

【シェード】 木や岩の暗がり。陰になっている場所。

【シャロー】 浅場。

【シャンク】 フックの軸のこと。

【シングルフック】 フックポイントを1つしか持たないフック。アイの向きが異なるミノー用とスプーン用がある。

【ショートキャスト】 短い距離のキャスティング。

【ステディ・リトリーブ】 ロッドでアクションを加えずに、リーリングでルアーを動かすこと。タダ引きともいう。

【ストップ&ゴー】 リールを巻く↔止めるをリズミカルに繰り返すことでルアーにアクションを加える操作。

【ストラクチャー】 魚が身を隠していそうな障害物全般。倒木も、岸際の芦も、大岩もそれぞれストラクチャーと呼ぶことができる。

【スナップ】 ルアー交換を簡単に行なうためのアイテム。スナップを介してルアーをセットすることができる。

【スプリットリング】 ルアーのアイに取り付けられている小型リング。

【スラック】 おもにイトフケのこと。

【スレ】 ルアーにバイトした魚の口以外にフックが刺さっている状態。

【スレる】 ルアーの存在や動きに慣れて、魚が誘いに反応しなくなる状態。見切られるとも言う。

【ソリッド】 中空になっていないブランクのこと。サオ先にソリッドブランクが使われることがある。

●た

【タックル】 釣り道具全般のこと。おもにロッドとリールを指す。

【ダート】 ロッドワークによってルアーが水中で、左右に滑るように動くこと。不規則な左右の動きである場合が多い。

【チューブラー】中空になっているブランクのことで、芯金にブランク素材を巻きつけていく最も一般的な手法で作られたもの。

【ディープ】深場。ディープダイビングミノー（ディープダイバー）を略してディープとよぶこともある。

【トリプルフック】3つのフックポイントを持つイカリ型のフック。

【トップウオーター】水面に浮かぶタイプのルアーを使う釣り。

【トラウト】鱒の英名。

【ドリフト】水流に乗せてルアーを自然に流下させること。

●な

【ネイティブ】その川の血統を維持した魚。現在は数が減少している。

【ノット】ラインを結ぶ方法。または結び目をそう呼ぶ場合もある。

●は

【バイト】魚が口を使ってルアーにアタックすること。

【パックロッド】いくつかのピースに分かれたコンパクトに畳める釣りザオ。3〜4ピースが一般的だが、さらに細かいピースに分かれるタイプもある。

【バラす】1度ヒットした魚がフックから逃れてしまうこと。

【バーブ】フックの先端部分に付いているカエシのこと。貫通すると抜けにくい構造になっている。

【バーブレスフック】カエシの部分を持たないフック。カエシの部分の抵抗がないので貫通性能が高い。

【パーマーク】トラウトが幼魚のころに身体に浮かべる斑紋のこと。ヤマメやアマゴには成長しても残る。

【バンブー】ロッドに用いる竹の素材。竹で作られたロッドをバンブーロッドと呼ぶ。

【ヒット】バイトした魚に、ルアーのフックが刺さった状態。

【ヒラ打ち】おもにボディーを左右に倒すミノーの動きのこと。

【ファイト】ヒットした魚とやり取りすること。またはヒット後の魚の動き。

【フェルール】ロッドの継ぎ目。ジョイントとも言う。

【フォール】ルアーをボトムに向かって沈ませる操作。ラインテンションをかけないものをフリーフォールと呼ぶ。

【フッキング】おもにロッドをあおって魚の口にフックを貫通させること。

【フックアップ】魚の口にフックが貫通し、完全にハリが掛かった状態。

【フックポイント】ハリの先端。

【ブッシュ】藪やボサのこと。

【プラグ】プラスチックやウッド素材で作られているルアー全般。ミノーもジグミノーもクランクベイトも同じプラグの仲間。

【ブレイク】地形が駆け上がっている場所。カケアガリとも言う。

【プレッシャー】おもに釣り人が魚に与えるストレスのこと。水の濁りなどが魚に及ぼす悪影響もプレッシャーということがある。

【ベイト】魚のエサ。

【ベールアーム】スピニングリ

ールのラインを巻き取る針金の部分。

【ポイント】魚のいる場所。または魚がヒットした場所。

【ボトム】底。

【ボロン】ロッドブランクに使われる金属の素材で、一般的に強度と感度が増すと言われている。

●ま

【マッチング・ザ・ベイト】そのフィールドで捕食されているベイトに合わせてルアーを選び、魚を釣ること。

【マヅメ】朝と夕方の薄暗い時間帯。釣りの世界では広く、魚の警戒心が薄れる好機と考えられている。

●ら

【ライズ】魚が水面のエサをねらってついばむこと。

【ラインブレイク】ストラクチャーなどに擦れてラインが切れること。

【ラインキャパシティー】リールのイト巻き量のこと。

【ランディング】ヒットした魚を取り込むこと。おもにネットですくう動作を言う場合が多い。

【リアクションバイト】ルアーの動きに対して、魚が反射的に口を使うこと。

【リトリーブ】リールを巻き取る作業のこと。「リーリング」とも言う。

【リリース】釣りあげた魚を再び川に放すこと。

【リーダー】リールに巻いたメインラインの先端に、ハリスとして取り付けるラインのこと。

【リールシート】ロッドグリップの、リールを取り付ける部分。

【レギュレーション】魚を釣るために守らなければいけない規則全般。

【ロッドアクション】「アクション」はロッドの操作を指す言葉だが、「ロッドアクション」はロッドの調子を表している。また「ウルトラライトアクション」というように、ロッドの強さを示す際にもアクションが用いられる。

●わ

【ワイルド】ネイティブではないが、おもに稚魚から自然のなかで育った個体の呼び名。

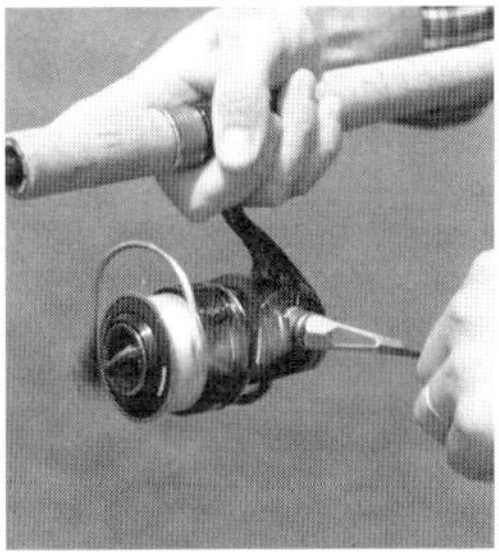
リールを巻く行為は「リトリーブ」。速くリールを巻けばファーストリトリーブ、ゆっくりリールを巻けばスローリトリーブだ。

メインラインの先に付けるハリスが「リーダー」。フロロカーボンとナイロンの2種類がある。

「リリース」とは釣った魚を逃すこと。釣って放す行為全体をキャッチ&リリースとも言う。

完全攻略
サクラマス
ルアーゲーム

2016年5月1日発行
編　者　鱒の森編集部
発行者　山根和明
発行所　株式会社つり人社
〒101-8408 東京都千代田区神田神保町1-30-13
TEL 03-3294-0781（営業部）
TEL 03-3294-0766（編集部）
振替 00110-7-70582
印刷・製本　大日本印刷株式会社
乱丁、落丁などがございましたらお取替えいたします。

ISBN978-4-86447-088-9 C2075
つり人社ホームページ
http://tsuribitosha.co.jp